苹果，
到底能走多远

潘卫民 著

图书在版编目（CIP）数据

苹果，到底能走多远 / 潘卫民著. -- 广州：广东人民出版社，2014.6
ISBN 978-7-218-09181-5

Ⅰ. ①苹… Ⅱ. ①潘… Ⅲ. ①电子计算机工业－工业企业管理－研究－美国 Ⅳ. ①F471.266

中国版本图书馆CIP数据核字(2013)第300105号

PingGuo , Dao Di Neng Zou Duo Yuan
苹果，到底能走多远
潘卫民 著

版权所有 翻印必究

出 版 人：曾 莹

责任编辑：肖风华　李　敏
装帧设计：刘焕文
责任技编：周　杰

出版发行：广东人民出版社（广州市大沙头四马路10号　邮政编码：510102）
电　　话：（020）83798714（总编室）
传　　真：（020）83780199
网　　址：http：//www.gdpph.com
印　　刷：广州家联印刷有限公司
书　　号：ISBN 978-7-218-09181-5
开　　本：787 mm × 1092 mm　1/16
印　　张：13.5　　　字　　数：218千
版　　次：2014年6月第1版　2014年6月第1次印刷
定　　价：32.00 元

如发现印装质量问题，影响阅读，请与出版社（020-83795749）联系调换。
售书热线：（020）83791487　　83790604　　邮购：（020）83781421

成功，或许会成为企业的墓志铭

一个人如果太成功了，就可能不知道自己是谁了，一家企业也不例外，就算是苹果。

深刻改变了人们生活态度和方式的苹果公司，原本不应该被捅到央视3·15晚会，而且原本也不至于遭到中国各主流媒体的讨伐。从近期推出廉价版iPhone来看，苹果对公众的诉求和市场格局变迁做出了一些妥协，但苹果新品中国上市发布会现场无一苹果高层现身，只是播放录像了事，不难看出，苹果还没准备好放下"老大"面子，似乎要将傲慢进行到底。

有人讲苹果的"傲慢与偏见"令它的粉丝们"很受伤"，恰恰相反，苹果真正伤害的不是别人，而是它自己。如果苹果认为它在中国制造了一批"铁杆粉丝"的话，那么它可能会空欢喜一场，因为这些粉丝相当"脆弱"，并且随时都有可能选择别的阵营，比如三星，比如小米，甚至是锤子。

中国消费者似乎拥有一种"天生敏感性"，特别是对于洋品牌，稍有风吹草动，就会激起"脆弱"的民族情感，一个小枝节就会被扩大化，甚至成为众矢之的。所以任何一个品牌，不

管它多么牛气，只要无视或者忽略中国消费者的感受，漠视中国消费者的利益，都会受到惩罚，这个惩罚即便不是来自上层建筑层面，也一定会受到市场的挤压。

企业要想建立起良好的品牌形象，往往需要做很多功课，并且需要一定时间的积累，甚至需要时时处处都要做得尽善尽美，而要形成良好的认知度和美誉度则更有难度，但毁掉这个品牌形象却只需要一个细节，一着不慎，全盘皆输。当然，这并不是说这个品牌一夜间就会倒下去，但遭遇挫折倒是不争的事实，苹果下降的市场份额就是一个最好的"警告"。

被誉为"现代管理学之父"的彼得·德鲁克说："成功总会让当初实现成功的做法变得过时。更重要的是，它总会为自己带来不同的问题，'从此过着幸福快乐的日子……'是童话故事里才有的结局。"

"成功迁移"是经营者的"童话"，一家成功企业最容易犯的错误之一就是"品牌定势思维"，即在一个地方成功的品牌商会认为它在另外一个市场也同样"吃得开"，这种"品牌通吃"的思维会给企业的经营者制造出一种假象：我的产品与策略也会像以前一样畅通无阻。其实，他们似乎忽略了，企业或者品牌之所以在当地获得成功，那是因为进行了培育，而且经过长期经营，获得了消费者的认证，但在一个陌生的市场，却并没有经历这些过程，因而，企业过往的成功标签在新市场无效，更不太可能直接拿到消费者给予的"通行证"。

因此，进军异地市场，所有的成功都要忘掉，一切从零开始，只有这样才能真正站稳脚跟，让自己的品牌在"他乡"也一样能生根发芽，这是一个品牌再造过程，同时也是一个品牌适应消费者的过程，如果让消费者去适应品牌的话，那么品牌商会发现，粉丝们很快就会抛弃他。

成功可以复制，但成功的做法未必就能直接拷贝，因为毕竟消费环境变了，消费者审美取向和需求点不同了，文化背景和风俗习惯也不一样了，所以一切的经营行为都应该以新的市场形态为基本准则和出发点，企业可以移植成功的理念和精神，但操作方法却必须本土化。

苹果在美国的做法有效，但拿到中国可能就无效，苹果是否可以尝试根据市场区域进行个性化产品设计和品牌营销呢？

比尔·盖茨曾说："成功是一个差劲的老师，它让聪明人以为自己不可能失败。"如果让成功变成了企业的致命伤，它会破坏企业的进取心和创新意志，企业就会在往昔的成功做法中迷失自我，那么它所引起的后遗症就可能以摧枯拉朽之势，让企业的千年基业毁于一旦。

在经济全球化的大背景下，想要做世界级企业的品牌商们，都需要拥有战略性眼光，忘记那些辉煌的业绩和排名，适当地放下利益和身段，摒弃"成功惯性延续"心理，认真地做好基本功，取他人之长，补己之短。同时也要做好与媒介和消费者之间的正面沟通，建立共识和沟通机制。

成功不会自我延长，它需要不断地创新，甚至颠覆，我们且借着苹果走过的这段弯路，来好好经营自己的成功。

目录

第一章　谁赐予苹果"尚方宝剑"　　　　　/1
　　苹果的很多做法在我们看来都与当下环境格格不入，可是它又凭什么广受赞誉？苹果手里到底握着什么样的资本与实力？我们拭目以待。
　　1.品牌特性傲视全球……………………………… 2
　　2.美国人的卓越眼光……………………………… 6
　　3."乔老爷"的领袖魅力………………………… 11
　　4."果粉"的宗教式膜拜………………………… 15
　　5.创新制胜的硬逻辑……………………………… 19
　　6.苹果式生态系统………………………………… 23
　　7.细分战略………………………………………… 27

第二章　后乔布斯时代的帝国命运　　　　　/33
　　"灵魂人物"乔布斯离去之后，苹果面临诸多困境，新的苹果似乎在利用乔布斯时代的惯性在滑行，那么，库克领导下的苹果究竟会遭遇怎样的命运？
　　1."教主"红利还能带苹果走多远？………… 34
　　2."帝国"里有没有第二个乔布斯？………… 39
　　3.领头羊的宿命？………………………………… 44
　　4.不可回避的短板………………………………… 49
　　5.领先之后的没落………………………………… 55
　　6.旧苹果何去何从？……………………………… 60

Contents

第三章　产品神话还能走多远　　　　　　　　　　/65

乔布斯时代的苹果是一个创造者，在智能手机和平板电脑领域成为一个罕见的神话，可是库克掌权下的苹果似乎鲜有成就，苹果真的已经在走下坡路了吗？苹果的产品神话到底还能走多远？

1. 是光环还是一款产品？ 66
2. 与三星专利之争 71
3. 当创新失去引擎 76
4. 真正领先的不是技术 81
5. 被无限抬高的粉丝期望 86
6. "神话"背后的本质 91

第四章　"苹果式"营销与危机　　　　　　　　　　/97

苹果在中国遭遇了一场公关"滑铁卢"，苹果的"傲慢"让它的不足暴露无遗，它的故事折射出了很多问题，其中不乏值得我们研究的经验和教训，从苹果的真实案例中，我们可以汲取很多有益的东西。

1. 苹果被宠坏了吗？ 98
2. 花6000万美金购买一个教训 103
3. 店大欺客有没有？ 108
4. 缓慢文化 113
5. "上帝"的信仰并非无期限 118
6. 拒央视记者 123
7. 企业更需要"软功夫" 127

第五章 竞争格局今非昔比 /133

在如今的智能终端领域内,俨然形成了苹果、三星、Google 与"第二军团"的格局,在智能移动终端,苹果的优势正在被"完美跟随者"三星逐渐蚕食,Google 紧随其后,苹果缔造的神话似乎正在被新的竞争格局所打破。

1. "宿敌"三星 134
2. 不甘心的诺基亚 139
3. 联想崛起 144
4. HTC"寻租"上行空间 149
5. 华为"变身" 154
6. 虎视眈眈的 Android 159
7. 国产品牌集体"逆袭" 165

第六章 苹果"启示录" /171

苹果是一部厚重而富有内涵的教材,透过苹果的是是非非,我们可以预演更有可能性的未来,通过深入分析苹果的可取之处,我们可以更好地武装自己,从而为自己开辟更好的出路"保驾护航"。

1. 国产平板电脑的出路 172
2. 从制造到创造的涅槃 176
3. 核心竞争力的差异化 181
4. 营销新思维 186
5. 细节制胜 191
6. 本土化策略 196
7. 赋予品牌一个精神个性 201

后记 苹果,到底还能走多远? /207

第一章　谁赐予苹果"尚方宝剑"

苹果的很多做法在我们看来都与当下环境格格不入,可是它又凭什么广受赞誉?苹果手里到底握着什么样的资本与实力?我们拭目以待。

1. 品牌特性傲视全球

> 人们买的不是苹果产品,而是一种附着在苹果品牌上面的情感,因为爱上苹果,所以也会爱屋及乌地喜欢上苹果的其他产品。

2012年3月,在某机构"全球品牌价值五百强"排行榜上,苹果公司以市值5062亿美元和品牌价值706亿美元的成绩,荣居全球第一位,其市值约是Google的2.5倍,并接近微软的2倍。美国知名财经频道CNBC则说,根据世界银行资料推算,苹果超过波兰、比利时、瑞典这些国家的国内生产总值,处于第18大经济体的位置。

尽管在国内市场上,苹果表现不佳,但在世界舞台上它仍然拥有强大实力。这一切都得益于乔布斯时代所打下的坚实的品牌特性。

聘请一流设计师和工程师做出一流产品,这是一般公司都会做的事情,设计出好的产品并不是什么难事,难的是如何让消费者趋之若鹜。显然,它不再是一个简单的"做什么"的问题,而是一个"为什么做"的问题。

苹果之所以拥有如此强大的品牌号召力和市场影响力,绝不仅仅是因为它拥有傲人的产品,一定是产品功能属性之外的某些因素,让它在目标客户心里站稳了脚跟,并培育出了大批忠实的拥趸。

苹果在产品的诉求上确实做到了独一无二,

它把消费者的意愿巧妙地转移到了产品上，用户选择iPhone看中的就是其操作方便和具有娱乐性，还有建筑在操作性和娱乐性之上的时尚感与潮流感。它不再单单是一款产品，而是一种新潮的代名词，苹果成了一个时尚圈子的标签，只要有人手持一部iPhone，他就相当于拥有了"晋身"潮流一族的入场券和VIP卡。

所以年轻的粉丝们不顾一切地要成为苹果的客户，那样才显得体面而又有"范儿"。

产品实用性、外观款式、做工设计等功能属性是许多消费者购买产品的考量对象，尤其是在购买一款新推出的产品时，一定是要先了解其硬性指标的。但对于一个品牌来讲，这不是最重要的，品牌特性本身就已经包含了这些东西，它超越了功能属性，而功能性并不是促成一个人购买某个品牌的决定性因素，品牌的感知、形象、美誉度、个性等多种外在属性才是真正的"杀手锏"。

产品的物质层面并不附带情感基因，而人的消费行为又往往有着情感和审判的取向，所以那些只在功能上诉求完美的产品并不走俏。苹果的聪明之处，在于整合了产品内外属性，并把感知性的信息传达给目标客户，转化成他们所期待的实实在在的利益，这也是苹果产品的品牌特性所在。

很明显，如果产品不能传递出其精神层面信息，其品牌价值就难以"发酵"，产品意识才是促使客户产生购买行为并"恋"上品牌的通道。

> 媒体这样评论苹果："Apple不是一家纯粹强调技术领先的科技公司，虽然它是世界上唯一一家有能力同时开发硬件、软件、芯片技术的公司。Apple是一个懂得如何将技术和人文科学完美结合的顶尖高手。多年来，它始终用一种不同的思考方式，创造了许多易于使用并充满乐趣的顶尖产品。"

技术领先固然重要，但产品的艺术性才是与人性嫁接的媒介，苹果"用最少的资源，达到恰好的功能，并以简单、平实的形式表达出来"，其触摸屏设计等产品的简洁美学迎合了最基本的人性，它让人们的体验感得到了很好的发挥和释放。

当然，这少不了"教主"乔布斯的创意体系。硅谷营销主管里吉斯·麦肯纳说，史蒂夫·保罗·乔布斯的天才之处在于将结构复杂而设计精良的产品简单化，能够将商业、设计和创新中多余的东西去掉，只留下简约优雅的现实产品。麦肯纳当年曾受邀帮助塑造苹果品牌。

科技并不是产品畅销的利器，消费者的需求才是，企业在打造产品时往往容易忽视这一点。如何让自己的产品与顾客之间建立最大的交集是重中之重，增添创新成果会显示企业在科技方面的实力，而把客户的需求整合到创新中才是真正的本事，因为消费者只会为自己的审美情趣买单。

苹果的品牌特性就是它的核心竞争力之一，它明白消费者在购买产品时往往是盲目的，在决定付款的那一瞬间的感觉最重要，促成他们掏腰包的不是理性认知，吸引粉丝狂热的也不仅仅是产品的流线型外观，而是一种直观体验，这种直观感就是他们热爱苹果的行为依据。

人们买的不是苹果产品，而是一种附着在苹果品牌上面的情感，因为爱上苹果，所以也会爱屋及乌地喜欢上苹果的其他产品。至于苹果公司、苹果产品以及公司本身、产品本身是什么样的，并不是它出类拔萃的根本原因。

公司的领袖们认为只要不断推出创新产品就能占据市场高位，其实这只是一厢情愿。事实上绝大多数技术性的公司并不是行业里面的佼佼者。有一家总部设在新加坡的科技公司，率先发明了声霸卡，这种便携式的海量音乐存储播放器让家用电脑第一次有了声音，但真正享受这项成果并使之价值最大化的并不是这家公司，而是苹果。

尽管没有发明MP3和MP3播放器，可是iPod却成了行业的革新者，它改变了音乐行业的方向。这家创新科技公司研发出音乐存储播放器之后，过了将近两年的时间，苹果才推出了iPod，但却最先占领了市场先机。

这家创新科技公司在广告上说"容量5G的MP3播放器"，而苹果则打出"把1000首歌装进口袋"的宣传，相对而言，苹果才是数字音响领域的领导品牌，因为它把功能性诉求转化成了品牌特性，颠覆了音乐行业的品牌推广模式，更加符合个人对音乐的体验习惯。人们不会因为"容量5G的MP3播放器"就迷上一款产品，而"把1000首歌装进口袋"充分扩张了受众对产品的体验梦想。

这就是典型的苹果Style，它接下来需要做的只是不断重复这个Style就行了。

苹果创造了一种顾客价值，在顾客基于对产品效用的综合评价上取得了信任。这也是保持并发展品牌与顾客建立长期关系的利益价值体现，对于保持市场的稳定性、安全性，增强竞争能力和降低营销成本等，具有举足轻重的作用和意义。

苹果把顾客价值"输送"到每个城市的客户体验店，通过简约大方的实体店展示出来，再加上网络营销所带来的便利，在营销链环节令顾客的让渡价值得到有效提升。它的品牌特性在执行中就会形成品牌权力，顾客会从中得到自我感知很清晰的好处。

在购买和体验过程中，苹果的品牌形象得已固化，其品牌特性也增加了品牌在消费者心中的可靠性。苹果满足了消费者们精神层面更高层次的消费需求，苹果品牌形成了一种固定认知，即时尚、简约，以自我为中心，张扬个性的理念就是消费取向的最好意见表达。苹果"品牌权力至上"，顾客"不得不"产生忠诚度。

苹果的品牌特性在顾客心里沉淀下来，演化成公认的评判标准，粉丝们自己就会列举出各种各样的好处，来证明自己的选择是对的，而这又能激发其他消费者的欲望，这种消费心理主宰了市场的变化。

2. 美国人的卓越眼光

乔布斯始终坚持预见模式，因为预见才能遇见，一步领先，步步领先，也只有这样，才能做到"只做第一，不做第二"，这就是他的创业理念。

流传于网络的《遗失的访谈》，记录了乔布斯1995年的访谈。当被问到"如何看未来10年的技术发展趋势"时，乔布斯说："我看好互联网。"

乔布斯在访谈里说，随着软件业的发展，计算机不再是计算工具，而是开始承担通信功能，而互联网也终将深刻改变整个社会，例如网络购物将取代电视购物，并最终成为最直接的销售渠道。

电商开创了现代商业的新模式，对老百姓生活影响日益加深。很难想象，在将近20年前，乔布斯就有了这样的观点，并在后来全部得到验证。那个时候，全世界加起来也只有4000万网民，网站数量也只有2万多个，电商网站亚马逊也才刚刚成立。

如此长的时间跨度，能够这么准确地预测到互联网行业的发展趋势，可见乔布斯的眼光是多么独到而富有前瞻性。

这个凭借对产品的非常视野和"顽固"精

神谱写了苹果神话的传奇人物，总是能够将卓越的眼光寄托在产品上："我们的目标不仅仅是赚钱，而是制造出伟大的产品。"秉持这样的产品经营理念，乔布斯催生出强大的产品开发能力，从而开创了产品决定需求的模式。

事先预见到需求的趋势，并超前地研发市场所需要的产品，所以苹果能够走在前面。

当软驱还是所有电脑的标准配件时，乔布斯已经抛弃这一做法了，他认为传送数据是互联网的事，而不必附加在电脑上。所以，在设计iMac时，他并没有配置软驱。

当然，超前是要付出代价的，尤其是过于超前的观念，往往更需要坚持不懈。乔布斯的设计引起了消费者的强烈不满，外界普遍不看好iMac，认为它注定失败。但乔布斯一直坚持iMac不配备软驱，取而代之的，是用USB接口来连接外围的设备。

没过几年，软驱就被封存在历史的记忆库里，电脑发展的趋势印证了乔布斯的眼光。

> "我们需要明白的是自己需要什么，而且我认为我们比较善于用正确的标准来判断大众是否也想要得到它。"这就是乔布斯的"做事方法"。乔布斯曾经的同事尼豪斯也这样说："他（乔布斯）总是相信，最重要的决定不是你要做什么，而是你决定不做什么。"

真正的高科技一定是做减法，但拿掉什么却往往不会成为一般经营者擅长的手法，怎样做减法的确需要眼光。如果能够比消费者还清楚他们确

实需要什么,那么,企业家一定会获得胜利,其实这也是管理者和营销部门所需要解决的问题,前提是你能够领先竞争对手多久发觉到需求趋势,并坚持自己的做法。

通常而言,固定化的生产流程与产品创意会产生矛盾,这需要与生产过程中所有部门协商一致,让流程服从于创新,而不是让新产品仅仅停留在创意层面。所以,为了保证满足趋势的产品顺利生产,乔布斯还要关注产品生产的每一个环节,如何把一个想法变成现实往往得先面对产品设计与产品制造之间的冲突。主导产品设计不受流程干扰,考验的是经营者对眼光的执行力。

显然,这也离不开对市场的绝对把握。

乔布斯拥有很强的营销观念,他和他的团队对电子产品的市场发展一清二楚。当他发现个人电脑产品呈衰落局势时,就会将注意力放在多媒体领域,而当预见到大学对电脑的需求时,很快将眼光瞄向了教育细分市场,并有针对性地开发相应产品。

由于率先跨界到音乐圈子,乔布斯与音乐界人士做了广泛地沟通与合作,所以他能够做到让客户通过音乐感受到iPod新产品的质感。乔布斯为了更好地让消费者"触摸"苹果的灵性,又设立了直营体验店,客户的体验让苹果展示出其产品优势,从而加速了产品功能的传播,这种自上而下地灌输理念,令人们快速认知了产品的独特性,直接带动了销售。

当然,苹果并不是乔布斯一个人的"华尔兹",他的眼光也展现在用人方面。乔布斯持有最佳人才理念。斯卡利说:"乔布斯眼光独特,他善于发现人才,并设法将这些人才拉到自己身边来。乔布斯具有一种魅力,使这些人才愿意聚集到他的身边,以共同将乔布斯的产品理念变为现实……乔布斯会经常寻求科技领域最有才能的人,相应挖角行为也是亲自上阵，而不允许别人代劳。"

技术是产品的核心，而人才一定是技术的核心，一流技术也一定是一流人才开发出来的，从产品层面到管理层面，再到市场层面，都离不开好的人才。

斯卡利作为百事可乐公司的原总裁，乔布斯在挖他时说："你是想下半辈子都卖糖水，还是想接受一个改变世界的机会？"聪明的斯卡利似乎别无选择，自然选择了后者，正是他的加盟让苹果迅速壮大。

乔布斯大胆起用一个叫乔纳森·伊夫的年轻人，所带来的回报是，乔纳森·伊夫很快设计出了iMac电脑，之后又相继设计出iPod、Macbook、iPhone等划时代的产品，让苹果不断享受到王冠所带来的优越，并引导着世界对时尚的追求。

斯卡利说："我当年在苹果工作时，从乔布斯身上学到了大量有关产品开发和市场营销的经验。如今时间已过去了这么多年，乔布斯仍然坚持自己的创业理念。我觉得这么多年以来，乔布斯的创业原则并没有重大变化，要说变化，只能说乔布斯的创业理念更为缜密。"

乔布斯始终坚持预见模式，因为预见才能遇见，一步领先，步步领先，也只有这样，才能做到"只做第一，不做第二"，这就是他的创业理念。

2011年，乔布斯辞职后，基因技术董事长Art Levinson代表苹果董事会致辞，"是乔布斯独到的视角和卓越的领导才能带领苹果走出低谷，成为全世界最具创新精神和价值的科技公司。乔布斯对苹果成功有不可磨灭的贡献，他独到的见解和气质时刻渲染着苹果的普通员工和执行层。乔布斯将在苹果董事会主席的岗位上继续以其独到的洞察力、创新力和感染力为苹果做出新的贡献。"

眼光成为乔布斯时代苹果帝国的驱动器，它引领了一个全球风尚。

奥运冠军邓亚萍曾提出要像乔布斯一样"胸怀世界",她解释乔布斯为什么会成功:"乔布斯是个英雄。我相信,他希望自己能改变世界,或(改变人们的)生活方式。他的心很大,所以他设计的产品就能风行全球。"

只有站得足够高、胸怀足够宽广,才能看得足够远,也才能"改变世界"。

邓亚萍很好地引用了"乔布斯经验":"中国人老是盯着中国人自己这点地儿。我们不能光盯着中国,现在我们是世界第二大经济体,我们能够给人类,或者给互联网行业做出什么贡献?无论从技术上还是应用上,还是在运作上、推广上,Whatever,我们应该做一些这样的思考。今天的中国已经不能只想13亿中国人,不能仅仅局限于中国。"

把眼光放得远一点,或许就会避免故步自封、画地为牢。眼光是一个系统工程,而不单纯是一个想法,更是企业经营的一个纲领,统帅全局。从企业战略到生产细节,从人才管理到营销前沿,都是演绎经营者眼光的平台。

拥有眼光不是优势,实践眼光才是。

3. "乔老爷"的领袖魅力

"乔布斯至少五次改变了这个世界:第一次是通过苹果电脑Apple-I,开启了个人电脑时代;第二次是通过皮克斯电脑公司,改变了整个动漫产业;第三次通过iPod,改变了整个音乐产业;第四次通过iPhone,改变整个通信产业;第五次是通过iPad,重新定义了PC,改变了PC产业。"

身为总统授予的国家级技术勋章获得者,乔布斯一度成为《时代周刊》的封面人物,并被《财富杂志》评为"全美最佳CEO",他因"以与众不同的方式提升了人们的生活质量,使世界变得更加美好",而被青少年推崇为最受尊敬的企业家。

从被迫黯然"下野"到二次创业,再到重新入主苹果公司,乔布斯带领苹果从危机中走出,一步步成为世界级的公司,不但制作了世界上第一个用电脑完成的动画电影——《玩具总动员》,还在不同领域分别超越了索尼、手机霸主诺基亚、IT巨人微软和英特尔。这些成就都与乔布斯息息相关,苹果的成功也是乔布斯魅力的一种折射。

"三螺旋理论"是美国社会学家亨利·埃茨科威兹和罗伊特·雷德斯多夫教授在20世纪90年代提出的,应用到新兴产业发展中,就形

成了"技术创新—资本市场—企业家"三维模式,其中企业家是核心推动力。游历于资本市场之中的乔布斯,力主技术创新,助推苹果成为市值最高的公司之一。

乔布斯为苹果注入了品牌内涵与"竞争密码",苹果之所以成为苹果,与灵魂人物乔布斯的领袖魅力密不可分。从某种程度上讲,乔布斯是当之无愧的魅力型领袖,在自己的员工和消费者群里建立起了双重崇拜。

> 乔布斯曾这样评价自己:"我有这样一句魔咒——专注与简单。简单之所以比复杂更难,是因为你必须努力地清空你的大脑,让它变得简单。但这种努力最终被证实为有价值,因为你一旦进入那种境界,便可以撼动大山。"

专注是一种品质,只有专注才能让价值集优化;简单是一种智慧,只有简单才能被最快的复制。

乔布斯曾经在一年中失去2.5亿美元,遭到过毁灭性的打击,但他用行动践行了海明威的名言——"一个人可以被毁灭,但不能被打倒"。历经挫折,但绝不轻言失败,他把专注发挥到了极致。

乔布斯很明白自己要专注于什么,他认为,要勇敢地追随自己的心灵和直觉,只有心灵和直觉才知道自己的真实想法。为此他告诫人们,不要被教条所限,不要活在他人的观念里,"成就一番伟业的唯一途径,就是热爱自己的事业"。听从内心最真实的呼唤,勇于坚持自己的选择,或许这也是"乔老爷"留给世人的一份精神遗产。

1997年9月,乔布斯重新执掌苹果,上任伊始即对公司进行了大刀阔斧的改革,直接"删除"没有特色的业务,改革的幅度之大令人叹为观止,公司原来的产品数量有350种,他只保留了10种。

同时,他坚持取消iPhone智能手机上所有物理按键,取而代之的是一块大屏幕;为了获得更高的稳定性和可靠性,他精减了"雪豹"操作系统,直接去掉一组操作系统代码;为了更好地突出简单易复制,他要求几乎所有产品都走"傻瓜路线",于是就诞生了连小朋友也玩得转的iPad。

在团队管理方面,乔布斯尤其注重员工间的合作,他力图消除沟通障碍,避免或者减少内耗,并以此来提升团队的凝聚力和整体工作效率。

斯卡利这样评价他:"乔布斯不喜欢规模很大的企业结构,认为企业规模过于庞大后,将导致企业工作效率低下,进而产生一批'傻瓜员工'。乔布斯曾表示,Mac团队员工规模不得超过100人。也就是说,如果你想增加一名新员工,就必须辞退掉一名老员工。乔布斯曾这样说:'我记不住100人以上员工的名字,而我希望同自己熟悉的员工打交道。如果员工规模超过了100人,我们就得采取不同企业结构,但我并不适应这种方式。我希望对自己所管理的工作都能有所了解。'至少我在苹果工作期间,乔布斯一直坚持这种管理理念。"

这便是一种控制力,能够管理好这种控制力自然需要发挥领袖风范,靠明文规定的制度是不够的,还需要个人魅力。乔布斯说:"我愿意把我所有的科技,去换取和苏格拉底相处的一个下午。"显然,这是一个懂得人生真谛和经营主旨的领导人。

乔布斯认为,不必保证每个决定都是正确的,只要大多数的决定正确即可。他坚信:"创新和资金无关,关键是研发管理和创新机制。"在2009年,苹果只投入了11亿美元的研发费用,这个数字仅占苹果全年总收入的2.3%,只有微软的12.5%,不过回报比例却不可思议地达到了1∶8。这绝对是一个控制成本的高手,也是一位驾驭创新的专家,隐藏在背后的也一定是一股坚强而有魄力的决心。

"人活着就是为了改变世界",这是乔布斯所倡导的人生哲学。他去世之后,有人给他做出这样的总结:"乔布斯至少五次改变了这个世界:第一次是通过苹果电脑Apple-I,开启了个人电脑时代;第二次是通过皮克斯电脑公司,改变了整个动漫产业;第三次通过iPod,改变了整个音乐产业;第四次通过iPhone,改变整个通信产业;第五次是通过iPad,重新定义了PC,改变了PC产业。"

苹果，到底能走多远

乔布斯定义下的"改变世界"不是一句口号，而是一种现实版的行为，事实上他的确做到了。当他在斯坦福大学酣畅淋漓地演讲时，他充分展示出了个人品质的张力与对"改变世界"的情有独钟。乔布斯总是出现在重大产品的发布现场，他孩童般地渴望整个世界都与他一起分享他的新成果，这自然需要一种热情与执著。

当发布iPhone时，乔布斯说："今天，苹果重新发明了手机。"当推出iPod时，他则向全世界宣告："把1000首歌装进你的口袋里。"如此精致地打理产品的卖点，他简直就是个独一无二的营销大师。他在为自己的产品招徕忠实顾客时，个人也赢得了无数粉丝。

有心人搜集了这样一组与乔布斯有关的数据："2次手术，3个孩子，8年抗病，11款经典产品，100倍股价涨幅，1000万台iPad，1亿部iPhone，2.7亿台iPod，带动全球超过万亿产值。"很难想象，这是由一个人谱写出的壮美商业篇章。

对于乔布斯的领袖魅力，李开复作下了如此注解："乔布斯能够：①预测业界趋势，②大胆使用最先进的技术，③打造崭新的商业模式，④凝聚一流人才，⑤憧憬用户尚不自觉的需求，⑥永不停息的自我超越，⑦设计每个细节都近乎完美的产品，⑧口若悬河地说服用户情不自禁地爱他的产品。一般能驾驭上述两三点就可能很成功，但是乔布斯能做到八点。"

领袖推崇领袖，大概他们身上都具有某种相同或者相似的特质吧，所以才会这样了解。

4. "果粉"的宗教式膜拜

曾通过核磁共振扫描苹果品牌拥护者大脑的美国著名品牌咨询师马汀·林德斯特罗姆发现，他们对苹果的反应与耶稣信徒极其相似。

如果说在苹果2012年取得的1565亿美元营收中，为其贡献了238亿美元营业额的中华区已成为其海外战略的显赫成就的话，那么与苹果所培养的成千上万的"果粉"相比，那几乎算不了什么，因为他们的宗教式膜拜正让这个庞大的市场日益扩大。

在其"攻城略地"的黄金时代，乔布斯扮演着整个苹果帝国创新的引擎，他所倡导的苹果手机成为风靡全球的时尚新宠，在中国甚至出现了愿意为买苹果手机而卖肾的疯狂少年。那些刚走上工作岗位的少男少女们省吃俭用就为了一部苹果手机，这个全球人口最多的国家已然成为苹果最有潜力的市场。

正因为"粉丝"众多，苹果在中国的销售额屡攀新高。来自苹果的"大中华地区盈利报告"显示，仅2012年12月份，销售额就比去年同期增长了67%，这一数字超过了苹果自己的18%的增长率和美国地区的15%的增长率。而著名的苹果分析师贺瑞斯迪德预测，到2016年，中国将超过美国，成为苹果最大的销售市场。

苹果，
到底能走多远

这才是最恐怖的。已经先行离开的"乔教主"及苹果究竟采用了什么魔法而另一种产品如此具有魔力？

> "不要被教条所束缚，那样就意味着被动地接受别人的思想成果。不要让他人观点的声音压过你自己内心的声音。最重要的是，必须有足够的勇气，按照自己的想法和直觉行事。"2005年，乔布斯在参加斯坦福大学毕业典礼演讲中说。

他的发言不像是商业领袖在推广他的产品，而像一个虔诚的布道者，他在引领"信徒"们在思想的轨道上向更高处提升。

的确，他是一个技术怪才和规则颠覆者，他用自己的行为重塑了整个世界，更有足够的光环产生庞大的号召力。

在"乔教主"的引导下，苹果已不再单纯是功能性的产品，而是一个极具魅力和感染力的梦想象征，它既承载着苹果的梦想，又是"信徒"们的梦想，而他则是那个制造梦想的主角。他把梦融入一个又一个精彩的广告里，并以此为媒介向他的"粉丝"们传授"信念"。

乔布斯早就明白，苹果的目标消费群体是那些对电脑有兴趣但技术上并不精通的男性群体，从而将广告很精准地投放在诸如《花花公子》或其他管道上，他要做的也就是锁定消费者心理，将购买从理性引导为信仰。

在iPad发布的时候，乔布斯面前有两个选项，即"人文艺术"和"科学技术"，但他既没有向左走，也没有偏右，而是这样告诉他的受众："这就是我一直认为苹果的位置，处于人文艺术和科学技术的交界处。"他把品牌置于产品研发与理念传达二者的巧妙组合中，这种领先的品牌策略为苹果赢得了"粉丝"的终极信仰。

同时，他把自己树立成这种信仰的创建者和持有者的高大形象，并源源不断地往这个形象里输入神秘感，努力培养"粉丝"们的信仰热情，以强化他们在面对苹果产品时的感性指标。

事实证明，乔布斯达到了他的目的。曾通过核磁共振扫描苹果品牌拥护者大脑的美国著名品牌咨询师马汀·林德斯特罗姆发现，他们对苹果的反应与耶稣信徒极其相似。林德斯特罗姆不免叹道："苹果的品牌力量如此强大，以至于人们已经把它视为一个真正的宗教。"

"宗教是庄严高贵的传道，神秘的符号和仪式。"品牌大师如是说。乔布斯极富有煽动性的做法和宗教颇有相通之处，都是以主动宣布挑战等理念将忠实"粉丝"们凝聚起来，并设想将他们的想法变成现实。同时，还会以引发争议的形式提高他们的忠诚度，从而最终产生购买行为。

乔布斯本质上来讲是一个商人，商人免不了要应对其竞争对手，而他把自己塑造为正义的化身，他要"替天行道"地代表"粉丝"们与权威叫板，叫板的对象当然离不开与他处于竞争关系的IBM和微软这样的行业巨头。

"IBM要主宰整个电脑行业，并将枪口对准苹果，而处于同一阵营的我们则是阻止IBM控制整个产业的最后一道防线；如果我们犯了致命的错误而让IBM取得了胜利，整个电脑世界将迎来长达20年的暗黑时代。"这就是乔布斯对拥趸者们的煽情演说，在这种语境意义里，支持苹果就相当于拯救世界。

也正由于秉持这种信仰，乔布斯从不公开售卖自己的产品，所以当iPad2推出时，他的宣讲重点并不是这款平板电脑本身，而是这个产品的"智能封面"——信仰符号的表征。

"多听听内心的召唤"，乔布斯多次发出这样的声音。特立独行也是苹果一贯的品牌特性，这与中国为数众多的80后、90后及其他"粉丝"们追求自由、个性和自我意识的心理诉求非常契合，他似乎更能

"读懂"他们的心。"士为知己者死",饿着肚子买苹果、为纪念乔布斯彻夜排队买苹果甚至卖肾买苹果又都算得了什么呢?

仅仅是产品创新、功能方面的革新甚至品牌形象的拔高会产生如此魔力吗?乔布斯洞悉了"信徒"们的内心世界,知道他们想要什么,他总是以对苹果产品顶礼膜拜的形象出现在公众的视线里,乔布斯和他的"粉丝团"一样敬仰共同的"上帝"——苹果产品。

苹果显然已经不再是一部手机、一台电脑,而是一种更美好的生活方式,一种别的产品无法替代的相当荣耀的身份标志,消费者潜意识里渴望拥有但意识上并不明了的可以让生活看起来更有色彩的东西。

乔布斯这位跨界高手成功"代言"了苹果,并为它塑造了让"粉丝"为之膜拜的品牌灵魂,这种"膜拜"的力量极为强大。

在"果粉"的疯狂追逐下,苹果公司完成了一次又一次华丽蜕变,获得完胜。2012年全球500强上市公司排名,苹果公司超越埃克森美孚公司,以5506亿美元市值荣膺榜首。而苹果剩下需要做的,就是管理公众的期待——选择恰当地时机"泄露"新信息。

在产品形态上,苹果满足奢侈品的一切特性:年轻、时尚、简约、精致、可炫耀;在精神形态上,苹果被赋予理想主义色彩,成为创新、独立的代名词。同时又照顾到了消费者的需求情怀,苹果做得极尽完美。

难怪在2011年,一位分析师问苹果公司CEO库克,中国是否会取代美国成为苹果最大的市场,他不假思索地说:"说真的,我这一生还从未见过哪个国家有这么多人正在成为中产阶级,又有这么多人想买苹果产品的。"在苹果新"掌门人"的眼里,这片市场"前途无量"。

5. 创新制胜的硬逻辑

创新往往意味着对产品现状的颠覆,在新旧交替的过程中,肯定会有痛苦和不情愿,因为即将过时而又未过时的产品往往是利润的创造者。

"领袖和跟风者的区别就在于创新"是乔布斯一贯持有的理念,他在科技与艺术、理性与感性之间填充自己的创新愿景和理念,并将其融入到iPod、iPhone、iPad这些产品的独特操作系统中,从而开创了苹果产品在功能上强大而精湛的品质先河,在外观上领衔典雅唯美之时尚新潮。

"设计出来的Macintosh就应该这么大,不能让它的体积变大了,如果再加大,用户会受不了的。"在设计Macintosh的时候,乔布斯展示出一本袖珍型电话簿,告诉员工们他的创新目标。

乔布斯在苹果的所有产品中都植入了他的创新力,从而造就了苹果的与众不同和在行业中的领先地位。

在苹果的产品研发中,乔布斯的创新理念得到了有效贯彻。苹果公司主管工业设计的高级副总裁乔纳森·伊弗说:"我们不会去预测别人的反应。我们专注于我们认为正确的事情,并呈现给大家。"

乔布斯的专注再次展现出了旺盛的生命力,实际上创新的确需要一种专注的坚持。当业界认

苹果，到底能走多远

为iPhone 4S在创意方面表现一般时，苹果iPhone 4S一周之内却销售了400万台，按平均250美元/台的价格计算，苹果仅一款产品在一周就创造了10亿美元的惊天销售额。

iPhone 4S早已不仅仅是一款通用产品，它的价值也并不局限于产品或者品牌本身，而单单一个品牌的促动力也未必能造成花高价排队购买的景象。让苹果风靡全球的是它的"创新价值"。

苹果开创了这样一种基本逻辑，它聚合多项功能于一机，同时把外形设计与工艺继续向前推进，帮助消费者更好地掌控和支配自己对时间价值的理解。

苹果还是个善于尝试新品种的开拓者，iPad就是一个集思想伴侣、办公工具、交流平台为一体的载体，消费者既可以通过它下载应用软件，又能够通过交流平台获取对时间的自由支配。如果说MP3满足了随身听的需求，iPad则满足了思想上的随时记的需求，就像是人人必不可少的随身助手。

苹果的"创新价值"正是建筑在对人性的深刻理解基础之上，"封闭式"的苹果更能迎合人类圈子的特性。所以，符合人类进步的创新才是真正有意义的创新。

创新往往意味着对产品现状的颠覆，在新旧交替的过程中，肯定会有痛苦和不情愿，因为即将过时而又未过时的产品往往是利润的创造者。

2005年，iPod超越Mac，畅销全球，成为苹果的最大利润来源。正在这个时候，乔布斯却向苹果董事会发出了警告：如果其他手机公司开发出简化音乐程式，iPod就失去市场优势。在还没有出现强力竞争对手的情况下就如此"居安思危"，董事会并不能理解，因为当时市面上同类产品的表现确实相当一般。

乔布斯和他的团队却经常向自己的手机挑毛病，用手机播放音乐和视频，并带给用户乐趣感，是项艰难的挑战，输入方式是他们面对的最大困惑。虽说搭载触摸屏可以帮助他们实现想法，但那个时代触控笔是触摸屏必不可少的操作伴侣，双手同时操作显然并不能充分体现体验的快乐与便捷。

按照常规的商业逻辑来看，这似乎是无法兼容的矛盾，但界面问题又是他们不得不突破的瓶颈，所以必须自己推翻自己。否定自己当然是件痛苦的事情，不过从另一方面来看，这又是难得的创新机遇。

iPhone手机操作系统负责人斯科特·福斯特说："我们想自主开发手机……我们想开发一款自己真心喜爱的手机。"这是苹果当时的愿望。为此，2007年推出iPhone时，乔布斯还展示了一张带有拨号盘的iPod照片——苹果初期的创新想法。

为了获得灵感，实际上，苹果也并不全部凭空设想创新，他们也会从像三星这样的公司获得设计灵感。2005年，有着"iPod之父"美誉的托尼·法德尔对一款三星和Bang & Olufsen联合开发的高端座机电话进行了研究，尽管他并不好看这种输入模式，但乔布斯持有自己的看法："这或许正是我们想要的答案——我们可以将数字键盘放在点击转轮周围。"苹果也会参考索尼的设计理念，这样能使他们在创新的道路上少走弯路。

苹果公司所开发的触摸系统最初的设想是应用于平板电脑，但乔布斯及其团队后来认为或许它也可以应用到手机上。乔布斯对他们在平板电脑开发的"惯性滚动"和"橡皮筋效果"两项功能表现出浓厚兴趣："我们可以用这个做一款手机。"

从点击转轮到多点触控，这是一个从未有过的跨越，连乔布斯自己也没有把握。能否在触摸屏上顺利部署键盘功能，这是个巨大风险，但他坚持认为：如果触摸屏成了手机的唯一界面，就一定能扩展播放音乐、视频等更多功能，这种无限灵活性所带来的回报绝对是可观的。

苹果，到底能走多远

乔布斯将它解读为"一款放在口袋里的电脑"。

苹果元老设计师克拉里斯托夫·斯金格说，他们通过一系列严格的筛选才开发出了iPhone。大约有15名设计师会定期聚在苹果设计工作室的餐桌周围，讨论iPhone各个部分的细节设计，他们完善系统，将设计图迅速转换成原型产品，目的就是要让团队亲手感知产品。斯金格说："我们就像一群疯子……有时，仅仅是一个硬件按钮，都会进行50次细致的修改。"

"采用圆角矩形设计，正面只有一个按钮，完全被玻璃面板覆盖。"这是iPhone的标志性设计。但最初的设计并非如此，正是乔布斯力挽狂澜的自我否定，才使得此设计方案最终敲定。改变设计是件繁琐的事情——需要在几个月的时间内调整所有的内部元件。苹果的设计师们别无选择，只好"秘密地加班加点"。

苹果之所以成为苹果，它上面的任何一个元素都凝结着苹果设计师长达数年的心血付出，诚如设计师斯金格所说："我们的职责就是想象并不存在的产品，然后把它变成现实。"

这种创新所带来的生产力是空前的，因为它直接导致行业的客户价值发生翻天覆地的变化，就像E-mail之于邮局、网购之于大卖场、海底捞式服务之于餐饮业一样，苹果模式之于手机也不亚于一种行业革命。

乔布斯的创新经验表明，产品创新需要有大视野、跨行业的融合创新理念和灵感的参照点，iPod、iPhone、iPad这些产品的面市，无一不是乔布斯跳出产品做产品所形成的核心价值，通过与音乐、无线通信以及新媒体行业的跨界合作，直接开发出消费者的潜在需求，从而令竞争对手望尘莫及。

6. 苹果式生态系统

苹果式生态系列所带来的"黏性"似乎有一种魔力，就像大家都用腾讯QQ，你如果不用，就可能被排在"圈子系统"之外。

2012年8月，美国专利与商标局批准了苹果电视机顶盒的一项专利，苹果相关管理层与美国最大的几家有线电视提供商洽谈合作事宜，合作商包括时代华纳，希望美国更多的家庭使用苹果研发的电视机顶盒设备。

曾在乔布斯"下野"期间执掌苹果首席执行官（CEO）大权的约翰·斯卡利说："我们已经在手机、平板和电脑这三个领域获得了领先地位，因此控制消费者的客厅，进军电视领域就变得非常重要。"他认为苹果的生态系统是他们的巨大优势，这也是苹果在电视市场获得成功的砝码。

在美国地区，iPhone是最畅销的智能手机，iPad则占据了70%的平板市场份额。约翰·斯卡利说，苹果的核心原则一直都是要提高用户体验，并保持该体验在不同设备上的一致性。"人们没有意识到苹果（的生态系统）的厉害之处，微软想要占领客厅，索尼也有同样的野心，但到目前为止，他们都失败了。"

2012年，苹果的有力竞争对手三星成为了全球领先的智能手机厂商，但是三星需要面对来自

苹果，到底能走多远

苹果的强烈攻势，后者试图利用专利侵权诉讼将三星多款智能手机和平板电脑赶出它的美国"后院"。苹果的一系列动作促使三星在品牌形象上不得不调整策略，实际上，三星也在试图改变消费类技术领域跟随者的形象，它希望自己像苹果一样成为一个创新者的典范。

三星总裁及首席战略官（CSO）孙英权曾在80年代创立英特尔的PC芯片组业务，在英特尔与三星的合作上，孙英权功不可没。他说："我们认为苹果是一家极具创新能力的公司，同时也是我们的客户和竞争对手。实际上，我在家里使用Mac电脑。我一直使用Mac电脑、iPhone和iPad。我同时也使用Galaxy系列产品。我本人就是一个很好的例子。"

很难想象，一个三星的高管，还在使用苹果的产品。

孙英权有自己的看法："苹果的优势实际上并不在于产品本身。消费者喜爱他们的生态系统，例如iCloud。我很高兴，位于6000英里之外的家人能够看到我的日程表，并查看我的全部联系人和照片。这带来了黏性，但却是一个私有的体系……互联的生态系统非常重要。"

生态系统，成了苹果难以复制的竞争优势。

孙英权在工作中使用三星的设备，在家里则使用苹果。因为他的"所有系统和文件都在那里。这极具黏性。不过，我已经知道如何在两个不同系统之间同步联系人和日程表。你可以做到这一点，这并不难，完全有可能。"

苹果式生态系列所带来的"黏性"似乎有一种魔力，就像大家都用腾讯QQ，你如果不用，就可能被排在"圈子系统"之外。

2007年苹果iPhone诞生之初，业界对它普遍不看好，质疑声一片，一些主要的媒体认为苹果在走上一条不归路，但苹果最终的表现让早先拒绝与它合作的电信运营商们后悔莫及，苹果创造出了属于自己的产品生态圈。

苹果的非议更多来自于它的封闭式平台做法，乔布斯打破了常规，放弃开放式平台，软件和硬件就能很好地结合在一起，尽管这给开发商和小设备制造商造成了一些障碍，他们必须请求苹果许可方能进入。

早在2001年的iMac时代，苹果在美国的市场占有率只有2%，现在这个数据提高到了9%，虽然看起来进展不是太大，但它统治的却是高端市场。来自NPD Group的统计数据显示，在价格超过1000美元的电脑市场中，苹果占据了90%的份额。高端俨然成为苹果唯一的市场。

占据高端市场成了苹果生态链的一大特色，为它创造了优越的零售环境，乔布斯式的体验性零售店成了展示苹果魅力的最佳场所。除此之外，苹果还拥有独一无二的安全系统。令人生畏的病毒关键时候可以横行Windows世界，但在Mac的家园里，却通常是一片风平浪静，因为病毒在那里几乎不存在。

不仅如此，苹果还占领了人们的娱乐高地，它让电影和音乐更加容易地进入大家的生活，因为苹果，人们可以近距离触摸各自最喜欢的歌曲、音乐和电视节目，苹果拥有这种生态系统优势，难怪连三星的总裁对它也爱不释手。

早在10年前，在苹果推出iTunes音乐商店那一刻起，它就赢了。因为那个时候，数字音乐必须通过付费下载的方式才能被分享，没有人会喜欢这样的方式。iTunes与iPod的出现让大家看到了希望，在这一方面，苹果显然是一个革命者，它创造了先机，自然也赢得市场的先机。

从上到下，苹果建立了一个完整的生态系统，在这个生态系统里，苹果的内容平台就构成一个完整的生态链，它可以聚合包括消费者、供应商和制造商在内的多方竞争优势。

苹果也把竞争形态从点对点跨越到面对面的生态系统竞争时代。

苹果用自己的产品组建了一个完整的生态系统，从iPod、iPhone、iPad到iMac，通过产品和服务组成这个生态系统有着排他性的网络效应，从而有效帮助苹果抵御竞争对手的攻击。

这套系统超出了单一的产品线，以客户为始点和终点，自成一体构成敏捷的供应链，把应用开发商、上下游供应链、忠实的"果粉"们链

接在一起,将产业和市场资源集合在苹果周围,并成为一个由众多参与者组成的竞争联盟。

所以,当某个竞争对手以单一产品与苹果的iPod、iPhone、iPad相抗衡时,它所面对的不再是苹果的某款竞争性产品,而是苹果的整个生态系统。如果就单款产品而言,诺基亚的手机并不差,但它差的是没读懂游戏的本质。微软的Zune MP3和iPod的MP3几乎没有什么区别,但微软缺少的就是一个像iPod一样的音乐的生态系统iTunes。

苹果公司崇尚"硬件加软件平台的集成",不过它也给第三方提供了巨大的发展空间,苹果把软件上的内容和硬件设备的附件产品留给了他们,与他们一道共享苹果所创造的生态圈。苹果开发了这个游戏规则,它有自己强大的竞争实力,所以iTunes在音乐发行方能够集成像环球、百代、索尼、华纳等这些主要版权音乐发行大佬。

苹果还通过应用商店(App Store)笼络了大批的开发者,它为他们提供一流的开发环境和通向市场的路径,对于无数的程序员来说,简直是天降甘露,因为App Store可以协助他们缩短赚钱的过程。同时,App Store又是一个方便、快捷、高效的软件销售平台,那里有忠实的消费群体——果粉,所以它直达终端,开发者们难免趋之若鹜。

在服务的过程中,苹果为客户们也创造了附加价值,它帮助客户降低了购买版权音乐的门槛,而竞争对手要想挑战苹果的这些产品,它首先要建立一个生态系统,从手机制造商到网络运营商、电影、音乐公司,再到电视节目发行商以及第三方软件开发商等等环节都得打通通道。

否则,单靠一两款装备精良的产品去对抗一个庞大的苹果帝国,显然不大有获胜的机会。

给自己更多机会,就意味着给竞争对手更少机会,给自己的机会越多,竞争对手的机会就越少,苹果凭借独立的生态系统不给对手机会,正应了那句话:走自己的路,让别人无路可走。

7.
细分战略

乔布斯在演讲中说:"那些花钱买我们电脑的人思考方式与别人是不同的。购买苹果电脑的人都富于创新精神,代表了这个世界上的创新精神,他们不是为了完成工作而工作的人,他们的工作就是时刻准备着改变世界,他们会用一切可能的工具来实现它。我们为这种类型的人制造工具……"

把日常所用的手机做成了艺术品、奢侈品,并以这样的理念精耕细作于大众市场,与消费者最值得追求的东西"接壤"。苹果搞懂了消费者心目中的体验标准,并占据了粉丝心中的最高级标准,以低成本营销获取了高价值细分市场。

技术、研发与设计的创新和再创造,成就了苹果,以iPhone系列为例,被打造成粉丝所渴望获得的"宝贝",即使以夸张的价格销售,也仍然是奇货可居。

苹果从不局限于自己的市场份额,而是回过头来重新定义自己的产品,拓展自己的"第三商业空间"。它将产品变为一种标志和符号,尽管从来就不是完美的产品,出现或这或那的问题,但业界却总是把"革命""颠覆""创新"这样的赞美之词赋予苹果。

作为承担苹果价值观体系的载体,苹果的产品充当了先锋军的角色,荣誉被屡屡冠于苹果产

品之上。苹果把产品作为苹果价值观的象征，产品向来不是苹果的竞争主题，而是一种生活的代表，苹果把细分战略的光荣头衔演绎得精彩绝伦。

通过引领一种新的生活方式，苹果把自己定义为革命者，也是创新的领跑者。难怪当乔布斯推出iPhone手机时，他大声宣布："今天，苹果重新发明了手机！"事实上是苹果重新发明了手机吗？当然不是，它只是重新定义了手机概念，把它引申到另外的思维层面上而已，但别的手机品牌商并没有这样做。

如果把一家企业的设备、厂房、资本、产量、产品等视作硬件的话，那么苹果则具有整合这些硬件的软件能力，这也是一种最终实现企业运营效能最大化的关键能力。

以物化形式存在的要素，大家看得见、摸得着，业界往往把它当做衡量企业做大做强的客观标准；但以硬件相拼，大家互相在细分市场竞争，往往难以取得质的胜利，而且不太可能形成独树一帜的优势局面。苹果只是把硬件当成一种有形载体，从而在上面进行生活方式的无形延伸，这也是苹果的创新文化。

著名经济学家于光远先生说过，"国家富强在于经济，经济繁荣在于企业，企业兴旺在于管理，管理优劣在于文化"。企业有了自己的文化，才会产生强大的生命力，品牌才会有感召力。

苹果把产品打造成消费者生活方式的组成部分，以消费者生活方式角度发现价值、定义价值、塑造价值，而不单单从产品功能上演绎价值。

苹果的特立独行通常被视为玩世不恭，但它在细分领域站稳了脚跟。

乔布斯很清楚，在这个品牌制胜的时代，要在众多优秀的品牌中脱颖而出并持续保持优势，仅靠功能特性早已不够，而只有赋予品牌更多人性化的因素，才能在细分市场产生更大的吸引力。所以说，苹果从来不卖产品，只卖新生活方式，它把自己塑造成一种新生活的代言人，与消费者同属于一个圈子，在追求更好生活的道路上，与消费者们怀有"同样的梦想"，因此它缔造了一大批粉丝，他们在看到苹果的产品时，会产生一种"似曾相识"的感觉。

这种共鸣的力量是极其强大的。不在于你有什么，而在于顾客——产品的真正消费对象重视什么，如果你的产品消费者都注重，那么他们没有理由不竞相追逐。否则，即使是充满华丽，也难以走俏。

尽管索尼、诺基亚、惠普等品牌发明了很多的产品，也开发了大量的产品线，但只有一种颜色的iPod却成了经典产品。粉丝们对它爱不释手，它诠释了一种价值观，属于细分市场的产品美学。

不必赢得大众，任何产品不可能让所有的顾客都喜欢，再优秀的产品也只能是一部分消费者购买，所以，任何想占领大众市场的想法都是不现实的。因而，苹果更加忠实于自己的声音，只按自己设定的路线图走，它不会理会来自外界的杂音，从"走自己的路，让别人去说吧"到"走自己的路，让别人无路可走"，苹果开发出了独立的细分战略。

谁弄明白消费者的消费秘密，谁就注定成就自己。让产品嵌入生活方式，将客户引导到生活方式消费，那么，你的市场就有超乎想象的空间，而所谓的竞争对手则只有跟随的份儿。

不可否认，现在已经进入体验式消费时代，人们不再沉迷于产品的功能，而是青睐于消费模式演变，不再崇尚特色消费，而是遵从新的生

活方式消费。只有借助品牌和产品才能真正引导这种生活方式思潮,产品也会给自己"定位","主动"投入到消费者的怀抱。

苹果用自己的方式,划分出对其后续发展极其有利的市场地位,它创造了一种消费的无限和排他性产品利润空间,苹果的细分战略可能提高消费力,而不是分流市场。

> 乔布斯在演讲中说:"那些花钱买我们电脑的人思考方式与别人是不同的。购买苹果电脑的人都富于创新精神,代表了这个世界上的创新精神,他们不是为了完成工作而工作的人,他们的工作就是时刻准备着改变世界,他们会用一切可能的工具来实现它。我们为这种类型的人制造工具……"

通过聚合价值观,而不是给市场分类,苹果可以把不同层次、不同领域的消费者都变成自己的高端客户。而相比之下,那种以不同年龄、不同阶层、不同区域的细分方式则显然有些落伍了,大多商家都会分析不同细分群体的性格特点和消费特性,而常规手段只会得到常规结果,而不太可能形成质的突破。

苹果公司看透了这个本质,不管什么类别的人群,在某些消费倾向上,他们有着共同的审美和体验取向,有追求生活品质、个性展示的张扬派,也有追求功能性价比的务实达人,苹果很聪明地把目标群体锁定在前者,并为他们量身定做了一套最大化的价值支持,让他们有机会以最喜欢的方式"晒"自己的爱机,并通过这种展示来获得更多的价值肯定。

这是苹果式的战略细分。有人说苹果只会占领"金字塔"顶端的消费者,但事实上,苹果产品的畅销说明,它以这种细分战略,扩大了市场空间,而不是把自己圈在狭隘的有限的市场份额中。

如果单纯依靠技术先进,通过规模化生产来降低成本风险,从而得以有机会用低价格占领市场，那么企业也能分一杯羹。如果通过形式创新，开发一些新品类，或者仅仅开发一种新产品，或者赋予旧产品一种新功能，也能占有一个细分市场。但是，在今天，这样的模式都有些过时了，在消费的初级阶段，这些方法或许是行之有效的策略，但现在我们不得不面对这样的局面：凭借资金、技术、功能这些传统因素独领风骚的时代已经结束。

随着人们生活品位的提高，消费也走上了"形而上"的路线，精神的、体验的、文化的、生活化的，才是最重要的，而物质的、功能的、产品化的"硬件"已经不足以支撑起一个庞大的细分市场。

通过对市场细分资源的整合，成功转化成经济效益，才是企业长效经营的真功夫，聚合功能，导向消费，使消费者的消费价值的实现与企业发展目标一致，增强产品对细分市场的吸引力，增强消费者对产品文化的向心力和熟悉感，那么消费者的喜好也能成为企业的生产力，更是企业不可估量的附加值。

劳斯莱斯、宝马、奔驰等等，这样的高端品牌都用这样的方式引导消费，并获得了成功；苹果也一样，这并不是不可复制的战略。如果搞懂了这个精髓，中国企业也同样可以创造精彩。

第二章　后乔布斯时代的帝国命运

　　"灵魂人物"乔布斯离去之后,苹果面临诸多困境,新的苹果似乎在利用乔布斯时代的惯性在滑行,那么,库克领导下的苹果究竟会遭遇怎样的命运?

1. "教主"红利还能带苹果走多远?

从苹果管理层到粉丝群体,都需要经历一个没有乔布斯的过程,大家必须习惯于"后乔布斯时代"的冷清与新游戏规则。

据说iPhone 5发布以后,苹果官方公开的资料说,200万台iPhone 5仅仅1小时就被订购一空,而iPhone4和iPhone 4S完成这一业绩所创造的速度分别是22小时和20小时。

刻意强调这一数字,从另一侧面显示苹果自信心的不足,越强调的越是缺失的,所以苹果高层越是努力通过数字向外界证明iPhone 5的杰出,越是说明其对产品信心的下降。

"后乔布斯时代"的降临,让外界不再迷信苹果神话,来自不同媒介的"神吐槽"都在挑战着苹果的神经,有人说新苹果的破坏性创新使其失去了革命性跳跃,只是小修小补、小打小闹,新产品因公众期待而匆忙上市,结果人们发现,iPhone 5在某些方面和iPhone 4并没有质的不同。

在苹果新品饱受质疑的背后,却是一场大规模的"人事地震"。

Simon Prakash,曾在苹果任职8年,一直负责产品完善的工作,他于2012年年初离职,他的新东家是Google,他在那里负责监管产品的质量与可靠性,同时还管理部分秘密项目。

David Tupman离职前是负责iPhone和iPad硬

件的副总管，他曾经是这两款产品的建设性成就创造者。他于2011年底离开苹果。

John Theriault曾经是苹果产品安全的高级副总裁，他于2011年11月离开苹果，现在自立门户，担任咨询师。

Dag Kittlaus是Siri公司的联合创始人兼CEO，在苹果成功推出iPhone 4S后，他就提出离职。

苹果的设计主管Sarah Brody，早在2011年1月乔布斯宣布病休后不久就已离开苹果。这位曾在苹果工作7年的人才现在是Paypal负责全球设计的副总裁。

如果说这几位大将的离去只是"后乔布斯时代"一段小插曲的话，那么Ron Johnson的离职就是有损苹果"气血"的大动作。Ron Johnson是苹果零售店的领袖人物，他的离职被公认为是苹果最大的损失。此人在2011年6月提出离职后，于11月就担任JCPenney的CEO。

同时，早在NeXT时期就跟随乔布斯，并为其效力多年的Bertrand Serlet也做出了同样的选择，而他曾经是Mac软件部门的高级副总裁。

人才动荡，有些是被竞争对手挖走，有些则是为了实现自己的人生理想，因为"教主"离去，他们在故地再也看不到希望。

2012年11月16日，苹果股价在纳斯达克证券市场下跌11.26美元，跌幅为2.10%，报收于525.62美元。其实，苹果市值早已跌破5000亿美元大关，投资者对苹果已经开始亮起红灯。

同样的舞台背景，苹果发布了iPhone 5，尽管有傲人的销售成绩，却难以抵挡整个市场所弥漫着的失落情绪。人们对苹果史无前例地挑剔起来，有分析人士问："iPhone 5为什么没有数字支付？""为什么没有触碰分享？""为什么没有无线充电功能？"各种质量问题也接踵而至，如"带鱼门""Siri门""地图门"……

对于产品，有业界专家说苹果已经是高处不胜寒。"从60分进步到90分容易，从90分到95分要难得多。以前的iPhone产品，生产一两个季

度后，随着良品率提升，生产成本就会有10%的下降，但是，iPhone 5的良品率却没有出现预期中的提升，这会拉低苹果的利润。"

苹果CEO库克说，苹果的毛利率创下4年来最低水平，将降至36%左右，而Q3苹果的毛利率还高达44%。

出现这些状况的背后与团队震荡不无关系，尤其是iOS的灵魂人物福斯特尔的离职。福斯特尔曾经被视为乔布斯的接班人之一。

根据投资银行MDB Capital发布的统计数据显示，从2002年到2012年的10年时间，福斯特尔申请的专利数量达到了166项。MDB的总经理Erin-Michael Gill说，他是苹果最为高产的一位发明家，让他离开苹果，看起来损失非常巨大。

福斯特尔是苹果最高产的发明家，而接替他工作的乔纳森·艾维和克雷格·费德里希，两位申请的专利量加起来还不到他的一半。在涉及iPhone与iPad的工作专利上，福斯特尔的名字仅排在乔布斯之后，处于第二位。福斯特尔的工作影响到iOS的核心，他的出局对苹果未来的创造力有着极大的负面影响。

我们常说，牵一发而动全身，苹果对消费者预期管理的失败，与"后乔布斯时代"的人事变动有直接关系。在乔布斯时代，苹果最擅长的是神秘主义策略，一开始高度保密，到一点点释放风声，吸引了市场的眼球，吊足了粉丝们的胃口，这种策略往往非常奏效。

苹果的封闭体系改写了iOS世界的游戏规则，但人们在潜意识里，似乎习惯了乔布斯式创世纪般人物的营销方式，他的离去，也似乎令这家公司的"教主"红利逐渐稀释。

库克掌管苹果之后，苹果正在变成一家"去个人风格化"的公司，与"正常"商业运营的企业接轨。CEO蒂姆·库克必须走这条路，他很清楚，乔布斯留下的红利容不得他挥霍。至少苹果还在制造完美的机器，仍然坐拥高效的供应链管理和出色的销售网络，它仍然是IT领域内纵向一体化最好的企业，不管是从CPU到OS，还是从移动互联网、软件、硬件，到物流、营销……苹果仍然能够将如此复杂的团队有效整合到一起。

拥有如此强大的整合能力，绝对不是光靠一个天才级人物的个人影响力就能达到的，自然离不开一个严密而成熟的管理机制。在乔布斯时代，他起的作用是"超级黏合剂"。

不管怎样，这些资本都在为库克"改革"苹果争取更多机会和时间。

在产品线层面，库克需要面对更加疯狂的挑战，Google、三星和微软都不是等闲之辈，在同一个层面上竞争已经越来越有压力，"库克式苹果"面临的最大压力莫过于"从90分到95分"，而对手"从60分进步到90分"则相对容易得多，"高处不胜寒"已经不再是苹果的优势，或许，开辟新的领域更能证明"后乔布斯时代"苹果还是可以大有作为的。

当别人把炮口对准手机、Pad时，苹果把战线转移到电视、汽车等领域可能唤起受众们对苹果的重新想象，而新的领域更可能激起消费者的记忆。

为了开拓新局面，库克希望他的管理层加强团队协作，为此他还通过革新薪酬体系来完善激励机制，苹果管理层的重大举措朝着有利于鼓励公司硬件、软件及服务团队之间加强协作的方向发展。在iPhone 5的推出遭遇一系列问题后，苹果开始了反思，苹果公司管理层的年薪从80万美元上涨至87.5万美元，目的即在于加强各部门之间的协调与合作。

这是一个磨合过程——从苹果管理层到粉丝群体，都需要经历一个没有乔布斯的过程，大家必须习惯于"后乔布斯时代"的冷清与新游戏规则。

库克所做出的一个动作是降低了2013年苹果的业绩增长预期，他假想2013年增长率会比2012年目标业绩与最高预期业绩更低。他认为，如果要加强硬件、软件及服务团队之间的协作，一场实实在在的革命有时候需要牺牲"GDP增速"。

当然，苹果也习惯了超级人物的"超级黏合剂"，失去了超级人物，苹果少不了要产生阵痛。苹果的产品、管理和营销体系仍在发挥着无与伦比的作用，但库克和他的团队似乎还没有找到黏合天才人物的秘方，这是他们必须面对的命题。

当福斯特尔被以特立独行为名"开除"的时候，苹果也敲响了另一个警钟——苹果天才时代的真正终结，福斯特尔与当年乔布斯被逐出苹果是那么的相似，好像历史重演。

可能的情况是，库克不喜欢乔布斯时代的"苹果Style"，但或许他在犯一个致命性的错误，尽管他希望施展自己的统御能力，但是，在苹果这样一台复杂而精密的创新机器里，恐怕连他自己是否可以真的驾驭好其他部门也说不清楚。在苹果式纵向一体化的整合环节中，要想找到合适的人选来填补福斯特尔的空缺，是个非常艰难的项目。

驾驭苹果这艘大船是个"苦差事"，随时都有风险，因为"一旦失去足够的向心力，那个最不安分的电子就要飞出去"，所以当福斯特尔这样的"桀骜不驯的电子"飞出去之后，库克不费吹灰之力就让苹果现有的机制趋于新的稳定，把"不听话的孩子"开除圈子之外，管理一群"温柔的羔羊"就容易多了。

但是根据MDB的总经理Erin-Michael Gill的研究，凡是有福斯特尔名字的专利，都涉及了苹果在移动领域的方方面面。库克剔除这样的个性人物，也意味着苹果体制的僵化和创造力的缺失。

苹果离不开乔布斯红利，至少目前是，因此有专家说："苹果只要把基础应用做好，让更多用户喜欢iPhone，就会有更多应用程序开发者围绕在苹果生态上，吸引更多用户。这是一个良性循环。只要这个循环不被破坏，苹果的好日子就不会结束。"

或许，这也是"后乔布斯时代"苹果命运的真谛，但乔布斯红利又能带苹果走多远呢？

2. "帝国"里有没有第二个乔布斯?

苹果公司所取得的辉煌大都是个性统治与天才哲学的产物,它也只是极具偶然特色的畸形结果,不具备可复制性,除非还有一个不亚于乔布斯的"新神"降临苹果。

2012年9月,英国伦敦的"果粉"们在苹果专卖店前搭帐篷,等待iPhone 5上市销售。

美国当地时间2012年9月12日,苹果秋季产品发布会在美国旧金山芳草地艺术中心如期举行。

发布会尚未结束,重要媒体便纷纷唱衰苹果:《华尔街日报》网络版刊出《iPhone是否正在变得无聊》文章;《连线》网站以《iPhone 5索然无味 工业设计已至极限?》与《华尔街日报》遥想呼应;《福布斯》杂志网站《iPhone 5特性不足 苹果变平庸》感叹苹果;《纽约时报》则直接指责苹果将永远不当新技术尝鲜者。

粉丝们继续追捧苹果,业界却集体性持负面论调,真是冰火两重天。身为"教主"的继任者,苹果新CEO库克一定"压力山大"。

用心的人会发现,在《乔布斯传》中很少有内容涉及库克,有限的文字也都是讲一些客套话。按常规讲,这么重要的人物理应大书特书才对。选择库克,至少有一点可以证明是正确的,那就是乔布斯喜欢库克,当然,董事会也认可他的观点,所以,库克应该是乔布斯与董事会的折中方案。但乔

布斯曾这样告诫库克：做一个决定前，不要想象自己是乔布斯，不要试图用乔布斯的思维去思考问题。

对苹果公司的独立董事们来说，乔布斯的离去在某种意义上说是种解脱，因为之前他们曾经背着乔布斯举行多次秘密会议，乔布斯被苹果董事会驱逐离开达12年之久，不难想象，董事们对乔布斯有着怎样的矛盾心理。

他们需要乔布斯，但一定不希望他的继任者仍然像他一样"嚣张"和自我，他们一定希望寻找一个在乔布斯卸任后能继续掌管苹果公司的"合适"的人选。对于董事会的气氛，乔布斯恐怕也深有体会，所以，看起来，库克是董事会和乔布斯意见最接近的选择，完全一致显然是不可能的。

或许，对于苹果，库克并不是最佳人选，但对于当时的情形来说，库克又是最佳人选，至少他赢得了董事会的支持，这对他后来执掌苹果至关重要。

一个不容忽视的问题是，苹果仍然是一家被个人意志严重投射的公司，如果不走乔布斯式的路线，它就必须完成"去乔布斯化"，否则它就是一个"怪胎"。因为"教主"时代颠覆了现代企业常规，让已经成为通识的产品创新、管理制度和营销法则不得不服从于个人主义。

因而，新的"帝国"里就必须再颠覆"乔氏法则"，让它回到正常的轨道上来。库克曾这样说过，"很多人认为我需要找到取代乔布斯的方法，但我认为乔布斯是无法取代的"。这也似乎正应了上面乔布斯对他的忠告，库克要做的，是寻找一条新的路线，那也是一条"非上帝式"的路线。

库克没有乔布斯的才华横溢和艺术家式的思维，但在情商和智商方面都高于常人，他一定有自己的独特之处。他在精神方面，对乔布斯也有着同粉丝们一样的膜拜，对"教主"有着无条件的尊敬与缅怀；在执行方面却利用合法地位迅速推动苹果"去乔布斯化"大改造。

通过前者，他赢得了乔布斯追随者的好感，给人们留下一个值得信任的继任者形象；通过后者，他试图建立一个新的机制，从而推翻所有"造神运动"的精神纲领。

"去乔布斯化"似乎也正是乔布斯留下的精神遗产，因为他有言在先：不要试图用乔布斯的思维去思考问题。所以，有把"尚方宝剑"，库克大可不必做一个愚忠的傀儡，他也完全没有必要死心塌地按照乔布斯的路线一路向前。

像苹果这样的非常公司，一旦失去乔布斯的个人魅力管理、铁腕统治以及极其精准的市场洞察力、预见性和改变世界的野心与热情，就相当于一台豪车失去了引擎一样。所以，在这种情况下，遵循乔式模式，注定没有出路，只会把苹果带入歧途。

到目前为止，至少有一点是值得称道的，那就是苹果公司顺利实现了领导人交接，而且产品开发和日常管理都有条不紊地向前推进。苹果公司已经进入"库克时代"。尽管外界对苹果创新精神的丧失一直耿耿于怀，但库克驾驭下的苹果正在建立新的航向。

天才人物乔布斯不可能不想到他离去之后的苹果，谁还能承担他的角色，像他这样的领袖很难相继出现在苹果公司，所以，他必须为他的接班人铺好路，从而避免在失去"教主"的阴影下高层出现剧烈的人事动荡，因此，他才鼓励库克不要拘泥于他制定的路线，而是要学会按自己的想法去延续苹果的神话。

因而，"去乔布斯化"是库克登上苹果"王位"后必须执行的战略，这也是最重要的手段；除此之外，他好像别无选择，库克缺少乔布斯身上太多的特质，他不是领袖。

相对于乔布斯时代的"个人崇拜"，苹果内部统一的决策意志和高效的运作机制才是主要矛盾，竞争对手对苹果并没有因乔布斯的离开而放弃虎视眈眈，所以，面对瞬息万变的市场格局，作为一家全球公司，统一集体意志重于泰山。

乔布斯的"一言堂"不光在苹果公司,在世界知名企业史上都是一个奇葩,一个大型企业的领导人,从来只会真正聆听少数几个人的意见,大部分的决策都遵从于自己的内心,然后再让团队遵从于自己,这不是一种成功模式,而是极其特殊的个案。

苹果公司所取得的辉煌大都是个性统治与天才哲学的产物,它也只是极具偶然特色的畸形结果,不具备可复制性,除非还有一个不亚于乔布斯的"新神"降临苹果。

乔布斯的"为所欲为"可以带动苹果向前飞速发展,所以董事们能够容忍他的"嚣张",对他的个性网开一面;即便如此,他们的容忍也是有限度的。

库克必须明白,超人已经远去,他必须把乔布斯时代所有的"后遗症"扛起来,丢弃所有的傲慢,真正地俯下身来去处理一些基础性的工作,比如苹果血汗工厂事件、质量门事件……往昔乔布斯"不屑一顾"的活儿,库克都要亲临一线去解决。所以他飞临中国,走访工厂,去拉近与消费者和粉丝们的距离,事必躬亲地化解公关危机,通过淡化苹果公司孤傲的形象,往苹果品牌特性里注入亲和与平易。

库克走的是标准的经理人路线,这与乔布斯的我行我素有着本质的区别:后者视艺术与创造为人生最大乐趣,喜欢在粉丝面前"神秘式"地抛头露面;相对而言,库克则深居简出多了,低调是他的"杀手锏"之一,库克用其"中庸本色"很好地修复与改善苹果公司和华尔街的关系。在一次股东大会上,库克说:"我们正在深入考虑如何利用手中现金,与董事会讨论如何打理这些现金的战略。我们拥有的现金远多于运营一家企业所需。"

乔布斯可以不分红,但苹果公司仍然需要他;他可以将公司所有资源与资金用于开发新产品,但库克则必须开启现金分红与股票回购这些标准的公司资本运作模式,他宁愿给创新踩上刹车,也不能再重复乔布斯的"过错"。

第二章　后乔布斯时代的帝国命运

以前乔布斯从来不做的事情，库克则满怀热忱；以前乔布斯只喜欢和几个同他一样个性的员工共进午餐，而库克则是一个亲民型领导者，他倾向于向更多普通员工敞开心扉；乔布斯不喜欢从事慈善事业，库克则大力推动慈善匹配项目。

乔布斯的"死党"——他的忠诚的管理人员、设计师和工程师们帮助他成功赢得了全世界对苹果的赞誉，他们心甘情愿跟随乔布斯，并对他讲的话和他为苹果所创造的东西忠贞不贰。像乔布斯一样将员工都留在苹果公司，对库克来说，同样是种挑战，在机制真正地发挥作用之前，他都需要留住那些最聪明的、最优秀的员工继续在苹果工作。

> 弱化个人时代，需要时间。但库克的努力并不是没有人赞赏。《财富》杂志曾这样评价库克："他极力维系苹果最为独特、核心的企业文化，但在他的执政下，苹果的动作和语气的确在发生明显的改变……从总体上来说，苹果在变得更为开放，也更加企业化。又或者说，苹果变得更加'普通'了。"

苹果的企业化趋势，可能会伴随着"去乔布斯化"而弱化其在产品上的独特优势。但相对于"神秘崇拜"来说，人们对库克，可能会更加尊重他、喜欢他，库克不需要被崇拜，亲和力同样也是优势。

库克向苹果全体员工发出呼吁："我要你们对苹果保持信心，苹果仍然是苹果。我很珍惜苹果独特的原则和价值观。乔布斯建立了一个与世界上任何公司都不相同的企业文化，我们需要继续发扬它，它是我们的DNA。我们将继续制造世界上最好的产品，满足用户要求，让我们的每一位员工都以在苹果工作而自豪。"

或许苹果不再伟大，但它仍然强大，而且只是维持强大，就还是成功的。乔布斯已经远去，个人时代已经进入历史，苹果开始了全面"正常化"。

3. 领头羊的宿命？

把苹果变成一家"正常公司"应该是库克的正确决断，在"正常化"的道路上，苹果需要补的课太多，因为"领头羊"向来都不是好当的。

苹果早已完成了iPhone + App Store + iCloud + iTunes "攻防兼备"的立体作战布局，形成了自己特有的生态系统。但苹果的竞争对手也并没有闲着，其最大敌手Google的Android + Google服务就足以和iOS相媲美。硬件制造是Google的弱项，不过它收购了摩托罗拉，以此来弥补自己的短板，缩短与苹果的竞争时效，不过软件方面的支持匮乏则是苹果的软肋，所以它推出了iCloud。

为了与苹果抗衡，Google不惜以125亿美元"血本"收购摩托罗拉，开创了Google历史上最大一笔收购案，将摩托罗拉手上的专利和数以千计的工程师一并收入囊中。

> 时代变了，美国《快公司》杂志指出：2012年之后，苹果、Google、Facebook和Amazon 4家公司将在移动互联网、支付、硬件和内容销售领域全面开打。

有分析人士指出这样一个潜在事实："割据发展的年代已经结束了，硬件、软件和云计算将迎来一个融合发展的新阶段。在这个阶段，出发点不同的4家公司将互相侵入彼此的地盘，彼此挤压。"

苹果也将面临一个全面竞争时代：以Google为首的Android系统是苹果在手机和平板电脑方面的主要威胁；Amazon和Google Play是苹果在内容销售方面的主要对手；在社交网络方面，为了瓜分Facebook的市场份额，苹果推出了Ping，不过苹果Ping是一种失败的尝试。

Google CEO拉里·佩奇曾经这样表示："Google在此之前已经和其他合作伙伴进行了商量，大家都非常地赞同，认为这有利于保护Android的生态系统。"收购摩托罗拉看起来是一个相当必要的决策。

处于电子消费类领域，不可能脱离行业发展规律，再强大的企业也得面对"硬件—软件—网络"的宿命，更不用说这只"领头羊"了。

乔布斯曾公开批评Google窃取了自己的概念，为了全面阻击Android，他还甚至发动了IT界的热核战争。但即便是"神人"乔布斯也不得不眼睁睁看着Android一天一天长大，眼睁睁看着这个竞争对手所占全球的市场份额是iOS的两倍。

根据IDC 2013年的新数据显示，苹果的市场份额已经下跌至13%左右，而2013年第二季度出货的手机中大约80%安装的是Android系统，Android似乎早已成为苹果iOS的克星。库克必须相信这一点，电子科技生态系统的竞争力取决于相对规模，而不是绝对规模，就算这些安装了Android系统手机中许多只是低端手机，开发者继续为相互之间的不兼容性犯愁，但Android的生态系统已显示出强大的生命力，这是不争的事实。

"平等、开放、协作、分享"是互联网时代的四大精神，苹果却反其道而行之，这在乔布斯时期是一种神话，而在库克时代则必须努力克服由此所带来的负累。

Android系统仍然遵从开放源代码的方式，给消费者提供一个共享开发Android系统的平台，Google也是一个开放式平台；相对而言，苹果的

苹果，
到底能走多远

封闭式资源就显得有些"不伦不类"。后来者居上的Android，仅用两年时间就击败了当时的"领头羊"——诺基亚的Symbian系统，接着就是"干掉"苹果。早在2011年8月，Android在全球智能手机操作系统的市场中已占据48%的份额，可怕的是，它一直保持持续性稳健增长态势。

对手机运营商免费，对开发商免费公开源代码，在顾客对Android体验度上，已经与苹果iOS看齐了，这是Android的优点。Android的优势是苹果所不具备的，尤其是开放、免费的Google Play。后者令消费人群趋之若鹜，他们可以在免费国度里畅游阅读应用、游戏娱乐、音乐视听、电子商务等众多应用。

这更像一场全方位的阻击战，昔日乔布斯阻击Android，但今日，在应用领域，苹果正在丢掉其在应用下载量方面的头号阵地，尽管Android顾客一般使用的应用数量暂时还比不过苹果，但是Android庞大的用户基数，在快速吸引开发者的眼光。

来自Android的战火烧得正旺，库克却在另一个战场与三星打着智能手机的专利战。同三星的专利权官司在媒体上频繁曝光让苹果元气大伤，其长期积累下来的品牌形象也必然会受到负面影响。

对于三星这个强劲对手，苹果的"领头羊"位置显得岌岌可危，根据IDC的数据，在差不多两年前超过苹果之后，三星2013年第二季度手机出货量超过其美国竞争对手的两倍。这涉及几乎每一个重要的指标，这位发明了触摸屏智能手机的"大佬"已经在向"第二"的位子滑落。

在手机领域，苹果占据着超过一半的利润，但在这里，摩托罗拉与Google珠联璧合，三星也越战越勇。从苹果公司内部发生的变化可以看出库克紧绷的神经，据《财富》杂志报道，"在苹果28000名员工中有2153人拥有MBA学位，这些人大部分都是最近两年招进来的"。

离开苹果的产品负责人在走之前扔下这样的话："之前，通常都是由工程师决定公司的下一步，而产品管理和供应链的人会自然跟进，做好后面的工作。但是，现在优先级改变了，很多重要会议都是由项目管理和全球的供应链管理驱动的。"他们认为这样做会破坏苹果内部的产品基因，正是这一点令苹果前程命运叵测。

iPhone、iPad以及完美的iOS系统，创造了移动通信行业的新革命，暴增的用户，让苹果体验到了"领头羊"的甜蜜滋味，但那毕竟只是乔布斯时代的"独角戏"，可能大家还不适应"受供应链驱动"的模式。

他们必须面对Google、三星和Android的联合"绞杀"，这是一种领头羊宿命。

当所处的外部环境已经发生改变时，所有的指标都得重新定位，优势可能变劣势，往日不起眼的威胁可能就会变得更加致命。

在智能手机行业，苹果引以为荣的是其居领先地位的利润份额。在iPhone上的利润率是苹果的优势，也超出了苹果其他产品上的利润率。在这方面，尽管苹果仍胜过三星一筹，但是，当整体市场进入价格竞争阶段时，苹果所固守的优势可能会削弱其竞争力，如果不开发新型低价iPhone以阻止顾客流失的话，苹果在利润份额上很可能会失利于其劲敌的庞大出货量。

应用开发者和内容供应商在其移动平台上是苹果的强项，iOS对开发者仍然极具诱惑力，这是苹果卓越的用户体验的保障线，这也是客户在苹果产品升级换代时重复消费的诱因，也在支撑着iPhone帝国的核心竞争力。

出货量同样是个致命因素，Android拥有数量优势，这一优势在一定程度上可以化解苹果的利润率和开发者选项。

这也是库克所不得不面对的挑战，他必须说服iOS开发者继续看好苹果，从而避免他们将注意力继续转向Android。增加出货量是苹果并不擅长的举措，但开发者可能越来越倾向于让苹果扩展iOS生态系统，这样

至少可以抵消一部分Android的数量优势。不过，这样做的后果是，低价iPhone一定会稀释苹果整体利润率，而且会降低其品牌形象，对其高端产品的销售并不是个利好因素。

苹果已经离开的产品负责人可能不会明白，苹果正在面临怎样的竞争格局，如果换了乔布斯，说不定他也会采用同样的动作。不断下滑的利润率也可能不是华尔街所想看到的，争夺更大份额的总体利润是库克该考虑的内容，让华尔街保持信心是重中之重。

或许，把苹果打造成一家纯粹的创新公司只是乔布斯的一厢情愿，这种想法会让苹果忽视很多本来需要做的功课。在产品上全线出击令苹果一度风光无比，但在iPhone销量猛增的背后，iPod却正在没落，虽然iPod每季度仍然为苹果创造着数十亿美元的收入，但其对苹果的整体贡献度正在呈下滑态势。当苹果热衷于对iPad和iPhone进行技术升级时，Mac Pro却似乎被丢进了遗忘的角落，苹果忽视了为Mac Pro用户进行更新。

"领头羊"的地位让苹果产生狂傲，而这种狂傲是目标市场所不喜欢的。因为不合理的产品售后保修办法而遭到中国官方媒体的集体炮轰，就是一个最好的明证。对于存在的问题，苹果往往习惯于三缄其口，坚持其傲慢风格。

但苹果必须看到，Android系统如今在中国智能手机市场已经占据了统治地位，中国政府也曾表示将着手开发自主处理器，目的就是要减少对于苹果电脑产品的依赖，化解这场危机是苹果的软肋。

在印度市场苹果也遭遇了"滑铁卢"，印度本应是苹果公司仅次于中国的大市场之一，但事实上，苹果在印度市场的占有率还达不到10%。固执地坚守于创新，似乎令苹果丧失了本土化的能力，因为法律环境的不同，苹果在印度开设实体零售店的计划远没有在中国进展得顺利。

把苹果变成一家"正常公司"应该是库克的正确决断，在"正常化"的道路上，苹果需要补的课太多，因为"领头羊"向来都不是好当的。

4.
不可回避的短板

封闭式的平台，独立创造一派，与同类产品格格不入，使苹果在乔布斯时代成为辉煌，而一旦失去狂热动力，这些甚至更多的短板就成为了对手攻击的对象。

2008年，联想面向全球发布新产品ThinkPad X300，其广告词是"Everything else is just hot air"，在宣传中使用"No-Compromise"字样，将光驱显露出来，并指出X300拥有3个USB接口。

由于苹果MacBook Air没有配置光驱，且只有1个USB接口，联想正中下怀，两项宣传均直接针对苹果MacBook Air笔记本的短板。

在联想中国官方网站上，ThinkPad X300标注的宣传词是"世界掌握在思考者手中"，并称ThinkPad X300是全功能超轻薄笔记本，其不同版本的产品在国内和国外均高于苹果MacBook Air笔记本的售价。

联想这一招打了苹果一个措手不及，Google也把"炮口"对准了苹果。

美国科技博客作者帕特里克·吉布森曾经在雅虎撰文指出，近来Google在设计方面成长显著，远远超出苹果在网络服务方面的进步。网络服务薄弱已成为苹果一大隐患。

这是一个快鱼吃慢鱼的时代，在薄弱环节的成长速度上，苹果落在了Google后面。优秀硬件和桌

面软件是苹果的"后花园",但地图、电子邮件和iMessage等网络产品使苹果弱点暴露无遗。苹果在设计方面的优秀难抵在网络服务方面的短板。但Google在设计方面正在提升速度,相对而言,苹果在网络服务方面的成长速度就慢了半拍。

> 有业界人士总结了苹果在网络服务方面的短板,包括:无法在线升级网络商店;Game Center中一款流行游戏就能搞垮整个网络;Game Center、Find my Friends和Shared Photostreams等产品中的朋友关系未打通,用户需要重复添加;Notes需要通过Email账号进行同步;iTunes和App Store仍采用Web Objects陈旧架构;iMessage for Mac和Ping的无序和失败……

短板成了苹果竞争对手们的攻击对象。联想有针对性地设计先进产品,Google则稳步改进其在设计方面的劣势,而Android后续版本则逐渐拉近了与苹果iOS系统的距离。

外观和操作系统是消费者选择智能手机时考量的主要因素,在外观方面苹果仍然保持领先优势,但在操作系统方面苹果却无法左右被蚕食的局面。

弥补这一短板最有效的做法是收购Twitter,这也是业内给苹果提出的建议。

《福布斯》中文网专栏作家埃里克·杰克逊在《目前为止苹果犯下的十大错误》的文章中就明确指出了乔布斯回归苹果后所犯的各种错误,其中就包括未收购Twitter。文中说:"在All Things D大会上,苹果CEO蒂姆·库克说,他认为苹果必须进军社交领域,但不必拥有自己的社交网站。我认为他错了。苹果有时把自己描述为单纯的硬件/软件制造商。但它也一直在做应用程序,有些做得非常出色。在移动世界(后PC

第二章 后乔布斯时代的帝国命运

时代），某些应用是必备之物，比如地图，因此苹果研发了自己的地图应用程序，而不是把所有数据都交给Google。"

埃里克·杰克逊进一步阐述他的观点："在我看来，Twitter是另一个必备之物。与Facebook不同，Twitter是为移动设备而生。它是不可替代的，是每个人在未来最重要的'渠道'，重要性远远超过了美国广播公司（ABC）、美国全国广播公司（NBC）、哥伦比亚广播公司（CBS）和HBO电视台，因为它完全契合人们的兴趣。这个数据源非常重要，有利于苹果凭借Siri语音助手等应用将未来的设备交到用户手中（并使用户不再使用传统的Google搜索服务）。苹果已经与Twitter建立了紧密的合作关系，但还不够。如果其他人收购了Twitter，就会严重阻碍苹果的发展。苹果必须拥有它。"

从这一点上看，苹果似乎犯了错误，即使是苹果不需要Twitter这个社交网络平台，但它至少可以吸收对方的长处，像Google收购摩托罗拉一样，为自己的团队注入新鲜的网络人才。此外，如今的Twitter还使用了最先进的网络技术，它还发明了技术和架构。或许，Twitter团队和网络技术能够很好地弥补苹果的短板。

尽管Twitter估值高达约90亿美元，但对于财大气粗的苹果来说，仍然可以轻松将之拿下。不过根据苹果以往的收购惯例，其收购交易金额一般都不超过5亿美元，绝大多数的收购记录都是小敲小打的战术性收购。战略层面的收购可能会打破苹果的一贯做法，因而斥资达100亿美元收购Twitter并不太现实。

知名财经分析师巴里·里索尔兹说，这也正是苹果的最大软肋之一，也是其面临的最大风险之一——尚未涉足社交软件领域。他认为，收购Twitter将使苹果成为重要的社交媒体公司，因为未来10年苹果最大

的竞争对手不是惠普或戴尔,甚至微软,而可能是Google和Facebook。

当然,苹果可能有自己的打算,收购Twitter会限制苹果的手脚,令其在设备中整合更多社交元素的努力付诸东流,而且这样做也可能会让苹果失去与Facebook进行任何水平合作的可能性。

其实,不光是联想和Google瞄准苹果的短板,戴尔也动作频繁。

由于苹果的独特性,提起平板电脑,人们似乎习惯了"苹果系"与"非苹果系"的划分,商务性不足是"苹果系"被公认的最大短板,身为"非苹果系"的戴尔发现这一点之后,就迅速对其加以利用。

戴尔推出搭载微软Windows 8操作系统的Latitude 10,向苹果iPad不擅长的商务功能"公开叫板"。

权威市场分析机构IDC在2012年6月的一份报告中称,"2012年全球平板电脑的出货量达到1.074亿台。越来越多的消费者转向平板电脑,这种趋势已经影响到惠普、戴尔等传统PC制造商的销量"。

IDC的研究报告显示:"2012年苹果在全球平板电脑的市场份额从去年的56.3%下降至53.8%。到2016年,苹果所占平板市场份额将跌至49.7%,Android和Windows操作系统将分别上升到39.7%和10.3%。"苹果平板市场份额可能会越来越多地让位于"非苹果系"产品。

在"非苹果系"中,"微软系"是一个不容小觑的分支。凭借阵容强大的开放式Android系统厂商作为后盾,"微软系"携windows 8强势加入战斗序列。在商务平板领域,windows 8系统更加稳定,其兼容性也比Android系统更好,其触屏设计更加适合于在平板电脑上操控,同时又整合了微软在娱乐和传统办公方面的强大功能。戴尔的Latitude 10就加入了这一阵营。

微软在不同系统之间的融合性方面也做足了功课，搭载了英特尔处理器的Latitude 10可以运行以往基于Windows 7和 Windows XP开发的应用和软件，包括Office软件、PDF、RAR、exe文件和众多基于Windows的商务应用。这一招就拿住了苹果的"七寸"，因为这些功能一直是iPad用户最头疼的内容。

在CPU方面，戴尔Latitude 10采用英特尔Atom Z2760 Clover Trail芯片，这种双核1.8Ghz处理器与过去的英特尔Atom芯片相比，速度变得更快，能耗也更低。

在安全保障方面，戴尔也采用了一些创新的措施，如包括企业级的安全保护和数据加密功能，可以为企业提供更高的信息安全保障，并可访问虚拟私有网络。外观设计也直逼苹果iPad。

移动智能终端产品单一的便携和娱乐功能已经越来越成为一种过去式，人们也越来越不把娱乐功能作为评价移动智能终端产品的标准，转而诉求于自己的平板在移动商务办公上也要有良好的表现。而windows 8系统的"空降"，正是迎合了商务平板用户的深度需求，戴尔这样的传统PC厂商的加盟，则更加提升"非苹果系"平板电脑在商务领域的竞争性。

攻防兼备，搭载windows 8系统的商务平板，成为成功撬动苹果平板市场份额的有力武器。

苹果的短板还不止这些。

2011年，美国消费品安全委员会和BestBuyCo.,Inc.在美国境内已收到数十起苹果电池过热的报告。

由于最近频繁出现iPhone用户手机电池发生爆炸事件，上述机构联合宣布对苹果iPhone 3G或3GS的Rocketfish Model RF-KL12手机电池实

行自愿性召回，召回数量达3.2万块。

此次召回的商品为苹果iPhone 3G或3GS的Rocketfish Model RF-KL12手机电池，苹果的说法是，为了确保电池不会从手机中滑出，苹果电池采用黑色轻便的塑料胶材料制成。但这样做导致手机电池在充电过程中容易过热而引发火灾。

自从苹果发布第一款现代化智能手机iPhone以来，手机设备的性能已经突飞猛进，多项功能齐头并进，打电话只是其中的一项功能而已。

随着智能手机的逐渐推广，功能的越来越丰富，用户使用的时间也自然水涨船高，但相对应的苹果电池也并没有太大的改进，长时间使用难免造成电池产热严重，所以就会频频出现由于电池过热而发生的安全事故。似乎到目前为止，苹果还没找到克服这一短板的答案。

一波未平，一波又起，事物也总是有其两面性，苹果无可挑剔的产品的另一面，是维修的短板。苹果新推出的iMac电脑将高度集成化的CPU同显示器融合于5毫米厚的面板上，在设计上、技术上和外观上堪称一绝，但也造成了极高的维修难度。由于高度集成使其难以被拆解，这可能是乔布斯欠考虑的地方。

封闭式的平台，独立创造一派，与同类产品格格不入，使苹果在乔布斯时代成为辉煌，而一旦失去狂热动力，这些甚至更多的短板就成为了对手攻击的对象。

5. 领先之后的没落

Canalys的最新数据显示，2013年第二季度，中国市场智能手机出货量同比增长108%，至8810万部，依然是全球最大智能手机市场，出货量占全球市场份额的20%，增速居全球第二。不过苹果似乎并没有分享到这一利好的态势——苹果手机在中国市场已被挤出前五名。

苹果是一个传奇。

当我们耳边突然响起"苹果"一词，我们的第一反应不再是像红富士一样可以咬一口的苹果，而是炙手可热的电子设备。iPhone成为一种符号、一种象征、一个时代的标签。乔布斯实现了他的人生理想——苹果改变了科技世界。

创新让苹果在很多方面都成为"第一个吃螃蟹"者，苹果公司还为手机市场设定了一个较高的技术标准。它是游戏规则的制定者，主导产品的革新和行业发展，它让整个行业不得不以更快的速度运转，并把重大的升级周期压缩至一年，这样的升级速度让消费者目不暇接。

当2007年苹果发布第一代iPhone时，乔布斯曾表示将努力争夺全球智能手机1%的市场份额。目前全球智能手机的年销量超过了1亿部，1%就意味着苹果有100万部iPhone的出货量。当时业内同行对苹果嗤之以鼻，认为苹果不会有太大的出息，没想到仅一个季度iPhone的出货量就超过2000万部，所有的手机厂商都大吃一惊。

苹果，
到底能走多远

当红小生iPhone 4还将昔日手机霸主诺基亚赶下了马，继续领跑手机市场。苹果乘胜追击，如今iPhone发展到了第五代产品。

2009年6月9日，苹果全球开发者大会在美国旧金山召开。会上的iPhone 3GS成为绝对主角，最新一代的苹果Macbook也同时推出。从入门级Macbook，到中高端的Macbook pro，再到时尚人士最爱的Macbook air接踵而至，市场上老的型号还没有售完，次旧的型号还正在进行清仓处理，新型号就已经全面上市了，曾经一度造成市面上的苹果产品型号鱼龙混杂。

苹果成了电子世界的绝对主角，乔布斯开创了一种速度，不过"乔氏速度"的背后却潜藏着一种没落，迅速崛起的科技帝国，过了仅仅几年的时间，到库克王朝已显现出某种颓势，不断地被竞争对手超越。

中国市场对苹果很重要，苹果CEO库克多次强调这一看法。Canalys的最新数据显示，2013年第二季度，中国市场智能手机出货量同比增长108%，至8810万部，依然是全球最大智能手机市场，出货量占全球市场份额的20%，增速居全球第二。不过苹果似乎并没有分享到这一利好的态势——苹果手机在中国市场已被挤出前五名。

在这场割据战争中，中国本土手机厂商进一步攻城略地，目前已占到全球品牌智能手机市场的20%，中国厂商的出货量比2012年同期增长超过100%。

正应了英国那句谚语：Easy come，easy go（来得快，去得也快）。苹果公司公布的2013年第三财季的财报数据显示，该季净利润为69亿美元，同比下降22%。在淡出大中华地区份额第一之际，苹果又迎来了"血汗工厂"的指责，三星则在手机业务营业利润超过苹果，在华市场份额超过苹果多达十几个百分点，或许，这正是苹果光环正在褪去的迹象。

并不是外界非要唱衰苹果，而是苹果的确在走向没落。

Canalys公司副总裁兼首席分析师认为："中国智能手机市场目前

的增长点主要是1000元以下的智能机,而这正是苹果目前所欠缺的。高端智能手机市场仍会保持增长,但爆炸式增长将出现在低端智能手机市场。苹果公司必须要对这种趋势做出回应,旧款iPhone降价后在第二季度表现良好,就证明市场对新一代廉价版iPhone存在真正的需求。苹果公司当前面临的挑战是,如何维持iPhone的高利润率。"

进入低端市场,还是死守高利润率?苹果到了一个十字路口,进入1000元以下的市场,将大幅度稀释苹果的利润率;坚守利润率,可能将进一步失去低端市场份额。

高端智能手机的市场增长放缓是个不争的事实,在可以看得见的未来,中低端市场将是智能手机市场新的增长蓝海,而之前一直以高端市场为主的苹果将"情陷高处",如果苹果最拿手的产品创新再度滞后,下一步肯定会陷入增长困境。

苹果要么遵循以往的惯例,开足马力开发新产品或新品类,要么,调整营销策略,放下身段。前者,是苹果一如既往的风范,后者则明显有点跟风的势头,而跟随显然不是苹果的"范儿"。

库克说,季节性因素是导致大中华区销售收入同比下降的一个非常重要的原因,因为2013年iPhone 5在中国推出的时间比2012年iPhone 4S推出的时间更早,这就意味着2013年iPhone 5的销售收入,大部分发生在截至3月30日的第二财季。此外,经济增速放缓以及其他因素也会影响该地区的销售收入。

如果不谈市场的形态变化,将原因归结于非主体因素,对于苹果,这可能并不是个好消息,库克似乎在为苹果争取面子。苹果似乎还没做好走下神坛的准备。

库克如此解释:"实际上,iPhone在大中华区的销量同比仅下降4%。而内地iPhone销量同比增长5%,增长速度低于我们的预期。很显然,我们和其他一些手机厂商都没有从宏观经济中受益。至于香港,我们的销量下滑更为明显,我尚不清楚确切原因。"

苹果，到底能走多远

库克希望从惨淡的数据中找到一些自信，但从话语中不难发现，多少有点为苹果的没落寻找借口的"嫌疑"，当竞争对手齐头并进时，苹果停留在原地本身就是一种退步，更何况出现下滑呢？经济增速放缓并不能成为苹果销量下降的理由，因为其他智能机正呈上升态势，如果经济真的不理想，那应该是个行业危机，而不光是苹果受到波及。

某知名IT评论人士说："（2013年）上半年，中国经济大环境一直不好，但大中华区仍有很大的市场机会。"相对来说，库克认为的"大中华区会给苹果带来巨大的机遇，我不会因为90天的表现而气馁"，语气中多少含有悲壮的成分。

与联通的合作让苹果搭上销售顺风车，苹果的成功经历也曾引起运营商的争抢，合作方也的确受益于苹果的强势产品。但随着中国电子市场的变化，运营商在中国智能手机市场上地位与以前不可同日而语，运营商地位不断提升，而苹果的影响力却在下降，话语权不再掌握在苹果手中，地位关系的微妙变化似乎决定了苹果的"江河日下"。

俗话说："一招鲜，吃遍天。"曾经，iPhone和iPad从轻薄程度、电池耐用度、屏幕DPI、相机反应速度、人性化操作等硬件上领先对手太多太多，iPhone和ipad之所以那么红火过，是因为它是"多招鲜"，仅仅是iPhone 4高DPI的视网膜IPS屏幕就让人心动不已，封闭iOS盖不住iPhone和iPad本身的魅力。但今天，其他一些厂商的产品已经超越了苹果的iPhone，三星的i9250就超越了iPhone，再加上开放的Android系统远胜于苹果iOS，而且价格还低于苹果，市场上非苹果的选项已经越来越多。

同质化也是iPhone的硬伤，现今的人们都喜欢个性化，而iPhone的泛滥又各型号外观都差不多，反而导致了一部分有经济能力的人选择其他品牌的手机。以前是没有其他手机能代替iPhone，现在有了，那些iPhone 4的用户反而用起了三星i9xxx或是Moto的刀锋等高端手机。

iPhone泛滥成灾，周围的iPhone 4太多了，就有人选择三星i9100系列，有的用户说三星i9100系列其实没有超越iPhone 4，只能算是跟

iPhone 4打平，但仍然有不少朋友弃用iPhone 4，转用三星i9100系列。

这就是苹果今天不得不面对的局面。

但在库克眼里，苹果的顾客量还在增加，他说："中国有大量人口在迈入中高收入阶层，苹果的潜在顾客数量每天都在增加。"或许他指的是苹果在中国的黄金时期，当用户们不再买账、粉丝们不断流失的时候，苹果在消费者群体中的话语权也在不断下降。

苹果昔日的成功让它失去了太多的东西，曾几何时，苹果与运营商之间签下了"极为苛刻"的合作条款，在条款中，运营商必须保证最低销售数字，以及高额的补贴费用。但当苹果没落之际，苹果再也没有强势的谈判筹码，相对因素已经发生改变。

虽然没有直接的数据表明苹果产品在运营商渠道中表现不如从前，但至少对于运营商来说，苹果产品已经不是唯一可以产生高额利润的"金蛋"。

在中国联通和中国电信的合作名单上，苹果有了强大的竞争对手——三星，国产手机华为、小米、酷派等均榜上有名。

中兴通讯高级副总裁曾学忠说："目前运营商渠道在中兴的整体渠道中仍然占据着80%左右的份额。三大运营商终端公司在未来很长一段时间内将是智能手机产品的主力销货渠道。"

酷派手机负责人表示，运营商渠道的市场对于酷派的产品销量起到很大的作用，在酷派第一代千元双待王手机推出之前，千元双待机的市场容量大概是30万部/月，但不到一年的时间已经达到了每月100万部或以上。

库克来中国可能迟了一些，乔布斯的失误之处，可能是从来就没来过中国，孤傲的苹果在中国并没有建立起过硬的圈子，而当库克踏上中国国土的时候，中国的运营商早已有了更多的选项。

领先让业界和顾客对苹果有了更加挑剔的眼光，而没落则是傲慢的苹果不得不付出的代价。

6.
旧苹果何去何从？

向前走，必须大刀阔斧地创新；向后退，是形象悬崖——旧苹果，第一次站在了十字路口。

"他们能不能做出根本不同的东西？如果能，苹果还是苹果；如果不能，它将缓慢而痛苦地死去。"

虽然苹果发布了iPhone 5，但2013年6月份iPhone的销量中仅有一半是由这一新产品完成的，两年前的iPhone 4S和iPhone 4加起来共同占了总销量的半壁江山。旧苹果依然是个"神器"，乔布斯时代所留下的遗产仍然有着旺盛的生命力。

这或许并不是一个好兆头，人们还沉迷于乔布斯所创造的"神机"，新的iPhone 5并没有走出大家的视线。对于苹果的未来，业界普遍缺乏自信。

这家如雷贯耳的公司，曾经纵横沙场，打遍天下无敌手，其iPad产品更是横扫个人电脑领域，直逼得硬件公司惠普转入软件，软件老大微软跨入硬件行当。但在2013年年初，苹果公司股价创下一年以来最低收盘价，股价下跌近11美元，跌幅为2.5%。这也是该股自2012年1月24日以来的最低收盘价。

股价下跌最直接的原因居然是三星在2013年3月中旬发布了Galaxy S4，三星的新款产品在苹果的后院——高端智能手机市场蚕食它的市场份额。

在最新的一次世界移动通信大会上，很多厂商展示的超过35款新智能手机均非常有竞争力，其中70%的目标定位是高端智能手机市场，60%的屏幕尺寸大于iPhone 5。对手推出新产品的速度正在超过苹果，而苹果传统高端智能手机的市场优势正在被瓦解。

市场期待的是跨越式的革新产品，而不是小修小补式的新品更迭。尽管乔布斯曾经做足了保密工作，但其整合软件硬件以及服务的窍门还是被竞争对手学会了，从那时起，这只旧苹果的绝对优势地位就在不断衰减。

投资者对一些风吹草动非常敏感。知名对冲基金老虎基金（Tiger Management）甚至将所持苹果公司股份全部抛售一空。"金融巨鳄"索罗斯对苹果的减持动作更值得关注，亿万富翁索罗斯2013年一季度减持了苹果股票，在减持苹果的同时却在增持Google。此外，David Tepper的Appaloosa也减持了苹果股票。

投资人不参与日常管理与经营，但对结果的要求却极为苛刻。投资公司Performance Trust Capital Partners交易总监布莱恩·拜特尔说："这不会是短期趋势。这是对管理层的考验，以检验他们在没有乔布斯的情况下表现如何。他们还需要推出一款真正引发轰动的新产品。否则，投资人可能会逐渐丧失信心。"

股价一旦下跌，公司的负面动态就更容易成为人们关注的话题，正所谓，好的越好，坏的越坏。

投资人怕的不是股价浮动，而是持续性下跌所带来的连锁效应。

当潮水退后，业界对苹果的不信任可能会被加速释放，享有"债券之王"的双线资本首席执行官杰夫·刚德拉克就说："在我看来，苹果是一只被过度信任的股票。它只不过是这样的一种事物：无论你走到哪里，总会有人为之着迷。现在看起来的感觉是，我每参加一次会议，所有人都会拿着它的产品；而正如我以前说过很多次的那样，苹果的产品

苹果，到底能走多远

创新者已不复存在。"

旧苹果的色彩正在淡化。往往，一个公司的初创人员会把自己的性格带进公司，从而在一定程度上形成公司的企业文化与特质，正应了那句话："企业就是企业家的背影。"乔布斯是一个百年难遇的商业奇才，他带领下的苹果更多的是他个人意志的延伸，他似乎并没有因此而让公司形成一种机制，一种离开他别人也能驾驭的机制。

如果离开他，任何一个人都无法打理并应对所有挑战，那么，旧苹果该何去何从呢？

如今新苹果还有一系列品牌资产，但是似乎已经雄风不再，可能连竞争对手也不再把苹果当成一个假想敌，也不再担心它会动了谁的奶酪。技术垄断是一副非常危险的牌，乔布斯剑走偏锋，在平板电脑领域靠性能一直领先，死守不兼容路线，但到头来却让IBM的兼容电脑靠系统的开放把市场的蛋糕迅速做大。

没有一家公司能够长期持有技术的秘密，你可以暂时领先，但绝对不会一直领先，除非创新、创新、再创新，不断刷新自己所创造的纪录。在同一个竞争层面上，价格战都是难以避免的过程，可是这对苹果而言，是一种难以启齿的退步，它将会变成一个没落贵族。

向前走，必须大刀阔斧地创新；向后退，是形象悬崖——旧苹果，第一次站在了十字路口。

"帝国陨落"，分析师也加入了唱衰苹果的行列。投资机构Berenberg Bank的分析师Adnaan Ahmad说，苹果距离陨落的日子已经不久了。他在撰文中指出："Apple's time to turn from tech titan into a dinosaur will come, but we still think that we are at least a year away."（最多一年时间，苹果就将从神坛坠落到凡间。）

Adnaan Ahmad给出的解释是：如今苹果在智能手机上的最大对

手——三星已经一步步巩固自己在智能手机市场份额上的优势，因为这家韩国电子公司生产的智能手机平均价格只有150美元，而iPhone是636美元——除非你愿意去购买一部已经两岁的旧品，巨大的价格优势一目了然。

旧苹果因强势竞争对手的迅速发展而正在加速褪色。

在分析师的语境里，有着这样的解读："未来高价的iPhone将很难获得更多的增长空间，而业界对苹果高增长的预期将让苹果迅速从云端跌落，要解决这个问题苹果有两种途径：一是发布极具创新力的新品，一是生产低配低价版iPhone。"

高处更加不胜寒的同时，苹果的后路也正在被"围堵"，生产更廉价iPhone也不再是仅仅稀释利润率和降低品牌形象那么简单，因为华为、联想、酷派这些原来苹果根本不拿正眼瞧的"二线品牌"已经占领了中国阵地，属于苹果的机会越来越少，而随时间的推移，苹果的时间成本和机会成本也会更高。

很难想象，连HTC、小米都会成为苹果的竞争对手，乔布斯怎么也想不到，他苦心经营的苹果帝国会有如此遭遇，昔日的小孩子已经长大，一棵小草现在都有可能成为其潜在的强大对手。

产品线的单一是旧苹果的顽疾，苹果没有趁其品牌最好的时候发布更多的产品品类，从某种程度上看，苹果似乎不得不走以利润换市场的路线，从iPad的销售策略上已初现端倪，当创新不再为王，逐渐放弃获取高额利润的想法是新苹果的无奈之举，也是必须要采取的步骤，毕竟，还有什么比挽回自己市场逐渐被对手蚕食更重要呢？

供应链管理出身的库克会把苹果带到另一个境地，他一定会用自己的优势在苹果上刻下自己的性格印记，因为在他所擅长的领域做起来才真正得心应手。那么，果真如此，苹果将自动放弃一度令对手看不到希望的独步天下的创新优势和令人敬畏的产品。

人们很快会发现，冒着同质化的风险去购买同一款苹果产品是件

苹果，到底能走多远

非常"二"的事情，当大家一哄而上的时候，他们认为拥有苹果是一种时尚，但当苹果不再光芒万丈时，它就变成了一个地地道道的同质化产品，而不再是时尚的化身。理性回归之后的粉丝们才发现，他们真正面对的是一个多元化的世界。

因为大家都买同一件商品而买同一个牌子、同一个型号，而拒绝购买这款产品，也会出于同样的理由。旧苹果一定感到很辛酸。

库克对创新似乎不屑一顾，至少他还没有表现出足够的热情，他曾表示在2013年秋季和2014年苹果将会推出一些非常具有创新性的东西。业界自然拭目以待，但在关联领域，三星、Google这样的公司早已排兵布阵，苹果的空间在哪里？是新一代的iPhone吗？

斯坦福大学教授谢德荪在《源创新》一书中，将苹果可能践行的创新方式称为"流创新"，即增加现有理念的价值，"如改进产品功能、质量、外观，优化生产、供应链、运作流程、降低成本，及发展分销渠道、采用更有效广告等"。

谢德荪教授认为："流创新所造成的优势都是不能持久的，要维持竞争优势，企业需要频繁地进行流创新，但这不仅会增加创新的成本，而且在同一环节经常进行创新活动会造成回报递减，由此所获的净利润率也逐渐降低。所以，在这一价值链中，不论哪一环节的企业，即使经常进行创新活动，也会面临发展停滞和净利润下降。"

库克领导下的苹果式创新看上去更像一条不归路，"流创新"并不是他的强项，如今的创新的概念与当初乔布斯力挽狂澜创造的行业颠覆已经无法相提并论。

对于旧苹果何去何从，一位苹果离职高管的观点或许更有看点："他们能不能做出根本不同的东西？如果能，苹果还是苹果；如果不能，它将缓慢而痛苦地死去。"

帝国大厦将倾，我们期待奇迹。

第三章　产品神话还能走多远

　　乔布斯时代的苹果是一个创造者，在智能手机和平板电脑领域成为一个罕见的神话，可是库克掌权下的苹果似乎鲜有成就，苹果真的已经在走下坡路了吗？苹果的产品神话到底还能走多远？

1.
是光环还是一款产品?

光环效应是把双刃剑,它能将产品变成"神机",也能把它打回原形。

2012年12月7日,苹果的两款新平板电脑产品iPad mini和iPad 4在国内首发。与以往"果粉"通宵排队抢购不同的是,这一次,苹果各大专卖店外均人流稀少,一扫蜂拥排队抢购的景象,连黄牛党也销声匿迹,让维持秩序的保安、各路媒体记者以及身着红色外套的工作人员显得有些无所适从。

从2010年初发布,到2012年底褪去光环,iPad只用了不到3年时间。3年的时间很短暂,但苹果却顺利成长为全球市值第一高公司,高唱凯歌一路引领移动互联网大潮阔步向前,一度成为全球科技公司的风向标。苹果产生了巨大的影响力,连微软这样的软件巨头都迫不及待地抢滩平板电脑市场。

但人们已经不再迷恋iPad,iPhone 5也是个衰退的开始,这款只把iPhone 4S的屏幕拉长到4英寸的产品让粉丝们失望了,而iPad mini也不过是缩小版的iPad 3,仅仅换了个新处理器就贴上升级产品的标签,简直把粉丝们当成了3岁小孩,其做法看上去很"山寨"。

果粉们普遍认为iPhone 5并没有突破性的创新,外形、屏幕、接口以及SIM卡格式上均存在缺陷，与三星、诺基亚等手机巨头新产品相比，iPhone 5在价格、功能和外形上都不具备绝对优势。

同时，苹果释放出iPhone 5S上市的传闻也进一步打击了果粉的购买热情。饥饿营销，当饥饿营销被消费者所熟知，将不再"饥饿"，苹果式营销第一次不那么起作用，粉丝们似乎已逐步适应苹果曾经神秘并力图全力保密的产品周期。或许"后乔布斯时代"的管理者们对这一策略运用得还不够熟练，但市场显然并没有足够的耐心给苹果过多热身的机会。

前线告急，后院起火。三星的旗舰手机Galaxy S3居然在苹果的老家——美国市场登上单款手机销量第一的宝座，库克似乎从来没想到，顾客的口味什么时候开始变得这么刁了。一直被模仿、从未被超越的苹果，地位被来自多方的压力撼动。

有一位知名市场营销学博士认为："苹果已经从一种精神象征转变为普通的电子产品，因此其在中国市场上的苹果神话很难再延续，此前很多人追捧苹果，实际上是在追捧乔布斯。但随着乔布斯的去世，苹果在这方面的优势荡然无存，苹果已由一种精神代表滑落为一款手机，当你把iPhone当成一款手机的时候，苹果本身没有特别明显的竞争优势。"

诚如专家所说，当苹果失去魅力，它不再是一种精神象征，而"堕落"之后的苹果似乎也不再具备原来的优势。

繁华过后，苹果成了裸露的孤岛。苹果曾经引以为傲的平台和体系却成了它的发展瓶颈，因为其提供的技术支持、服务和各种应用大多需要额外付费，加上与其他手机系统不兼容，苹果未来的竞争压力会越来越大。在智能终端市场，苹果以封闭的自有体系继续获得超额利润的盈利模式将全面终结。

在平板电脑市场，iPad只是打了个盹儿，包括Google Nexus系列

苹果，到底能走多远

产品和亚马逊Kindle Fire等Android系统就占据了43%市场份额，微软Windows 8系统的平板也趁机夺走了10%的市场占有率。

更可怕的是，仅用了3个月的时间，苹果市值蒸发超过1500亿美元。

华创证券TMT某首席分析师说，如果苹果今后不能开发出像第一代iPhone和iPad那样有创新性的产品，将难以支持其股价上行，苹果的高峰也就到头了。

首席分析师的说法并非危言耸听。"造梦+创新"是乔布斯时期的营销利器，他曾经公开批评7英寸平板电脑的设计理念不人性化，但在贬低这一产品的同时，他却着手研究它。乔布斯从未表现出对这一"畸形"产品的钟爱，他只是善于使用这种公关技巧而已。乔布斯一边说"没有人会愿意在LCD屏幕上阅读"，却一边又推出iBook。乔布斯刚说完"没有人愿意在手持设备上观看视频"不久，他就在苹果新一代iPod中加入了视频功能。

单纯的创新并不能吊起粉丝们的足够欲望，如何巧妙地"画饼"才是高超的技能，不过尽管库克时代的苹果仍然保持了乔布斯所独有的那种神秘的魅力，但显然，在"造梦"上，还略逊一筹。

库克似乎还没学会赋予苹果一个大大的光环。

iPhone 5继承了iPhone 4和iPhone 4S很多的血统，可以理解为乔布斯留给苹果的遗产。

但总有一天，带有乔布斯烙印的产品线会走向完结，如果"库克系"产品能让人耳目一新，那自然不失一种创意风范。起码苹果有足够的优势与资源，再瘦的骆驼也比马大，强大第三方开发者也可以继续为苹果保驾护航。

苹果的成功曾经一度来自乔布斯的特立独行的想法与狂热，当然，那时他还拥有一支能征善战的队伍——他一手打造的完美团队。可是，库克似乎失去了这个"内核"——那个时代的精英已经走得差不多了。

当谈及苹果公司与供应链及内部员工的关系时，库克首次以苹果CEO的身份在一次高盛技术讨论会上说："你可能会在我们网页上发现我们仍在修正解决的问题，但是我可以说，在业内，苹果公司是最致力于改善工作环境的公司。我们不断审查公司，深入了解供应链，发现问题，解决问题。我们对每件事都进行报告，因为我们相信，在这方面，透明性举足轻重。我们的团队关注最困难的问题时，问题不解决不离开，在这方面，我为自己的团队感到无比自豪，这无疑是业内的典范。"

了解供应链只是一个管理者必须要做的常规动作，但容不下天才是库克的缺陷，不管从哪个角度上讲，开除一个最优秀的领袖级人物都不是一个明智的选择。

不过库克抓住了一个要点——周边生态链。他说："从过去到现在我们始终关注在同一件事情上，那就是制造出世界上最棒的产品。我们认为，如果我们始终将注意力放在这点上，持续发展苹果手机周边生态链，那么，我们就能够得到一个绝佳的机会在这个巨大的市场上大放异彩。"

iPod和iPhone都为Mac创造了光环效应，iPhone也为iPad创造了光环效应。按库克的原话说："你可以轻易地看见，这些产品间的协同效应，不仅仅在成熟市场，在新兴市场也是如此。……iPad获得如此大的成功的原因应该是——iPad是站在巨人的肩膀上发展起来的，如iTunes、App Store等都已经出现，消费者都已经在iPhone上尝试过这些功能了，他们已经了解了多点触屏，诸如此类的功能都让消费者能够凭直觉使用平板电脑。"

在库克的眼中，苹果的企业文化独具一格，具有不可复制性，只有弄懂它的秉性才不会让它"缓慢消亡"。

但有一点需要确认,库克只是对过去的"光环行为"进行了一个准确的总结,并不代表未来他也会轻车熟路地践行这一法则,当iPhone系列没落时,它也会将iPad"拉下水",光环效应是把双刃剑,它能将产品变成"神机",也能把它打回原形。

在大方向上,库克仍然遵从乔布斯的理念——"必须以最棒的产品为中心"。如果把乔布斯比作理想主义的化身,库克则是个典型的现实主义者,他"只专注于市场,以及能为社会所作出的重大贡献,而非仅是出售大量产品。这些方面,以及始终保持完美就是我所关注的"。

不难看出,库克有着他自己的热情,但这并不能阻止设计界对苹果可能会逐渐失去头顶的设计光环的猜测,沉默已久的诺基亚在其新的智能手机的造型上就会有超越苹果手机的趋势。不过苹果的最大敌人还是它自己,作为一个顶级设计品牌,它本身逐渐衰落的可能性更大,在20世纪70年代登上巅峰的德国博朗就是一个先例。

如果对手能够做到一些苹果做不到的事情,而不是在产品的代际或者同一层面的竞争上超越它,苹果看起来也会衰退。如果对手的行动速度加快,苹果就会被划归墨守成规的行列。

除非人们习惯于乔布斯到库克的过渡,而不是乔布斯光彩的延续,否则苹果将永久笼罩在这个"阻碍"的光环之下,iPhone 5或者iPhone 5S永远是有瑕疵的新产品,库克也永远是无能的后继者。如果大家不能从心理上认可"库克时代",苹果就不再有光环。

2. 与三星专利之争

"鹬蚌相争，渔翁得利"……专利之争，不是一个聪明做法，苹果为此付出的代价可能是深远的——造成它在战略层面上的退步。如果紧步Google后尘，苹果的产品神话可能就真的成了一个神话。

2013年4月，三星向美国国际贸易委员会（ITC）提出苹果侵犯了其关于UMTS技术的第7706248号专利。双方又掀开了新一轮的专利火拼。

2012年，苹果公司控告三星电子旗下Galaxy系列等手机和平板电脑，侵犯其iPhone和iPad专利与外观设计，获得胜诉。

在那场诉讼中，苹果指控三星在方形与圆角设计上，均抄袭了苹果的手机外观、屏幕图示，以及特定程式图示的注册商标。苹果似乎热衷于起诉三星——最有可能与苹果争夺全球最大消费电子公司头把"金交椅"的企业。

三星足够强大，它和苹果是在同一平台上的竞争对手，也只有它这种大型的企业才会对苹果产生实质性影响，三星的一款成功旗舰机型可以对苹果造成几个点的占有率下滑，而且和三星打官司，苹果通常要的赔偿条件都是对方在目标地区不可以销售。

苹果在诉讼中就明确要求美国国际贸易委员会"禁止三星的智能手机和平板电脑进口至美国"，

目的直指对美国市场的掌控。通过法律手段削弱三星，从而在利润更加丰厚的美国市场继续当老大，这自然是苹果的如意算盘。

摩托罗拉和诺基亚们对苹果都构不成威胁，正当的竞争手段无法击败三星，而三星正在苹果传统的市场领域稳定成长。采用Google Android操作系统的智能手机在美国已经超越苹果iOS，跃居领先位置。"大腕儿"三星自然首当其冲，即便是在美国，三星也拥有比苹果更多的移动用户，这对苹果而言是个非常危险的信号。

这家城府颇深的韩国企业曾经是苹果的零件供应商，包括苹果部分的A4及A5处理器，进军平板电脑市场是早晚的事，从而一跃成为苹果最担心的对手，它不会甘心情愿地一直为苹果"做嫁衣裳"。不过，对于这样的局面，三星似乎早有准备，它曾表示，苹果此举"不会对三星持续销售产品的能力造成任何影响"。

苹果似乎忘了，他们的乔布斯也同样擅长"拿来主义"，而苹果给出的理由只是"三星最近的产品看起来很像iPhone与iPad"而已。苹果看起来好像有点美国式的"霸权做法"，想尽一切办法、使尽一切手段以避免对手比自己强大。市场研究公司CCS Insight分析师杰克逊就直言不讳地指出，三星在现阶段基本上是苹果唯一的平板电脑竞争对手，该公司显然不想被苹果在此市场超越。

苹果赢了官司：美国地方联邦法院判三星公司对苹果公司的6项专利构成侵权，赔偿金高达10.5亿美元。此举被韩国人解读为"美国人的主场优势"。

库克认为这个结果是"价值的胜利"。胜诉后，他在向员工发表的公开信中说："在过去几个星期，你们当中很多人都密切关注这宗针对三星的诉讼。我们非常无奈地选择了提起法律诉讼，此前一直要求三星停止抄袭我们的工作成果。对我们来说，这宗诉讼将比专利或者金钱更加重要。这是价值方面的问题。我们重视原创和创新，并且在生命中一直追求打造世界上最好的产品。我们所做的一切都是为了客户，而不是让竞争者进行无耻的抄袭。"

库克向全世界宣布他的胜利果实："在审判期间列举的大量证据显示，三星的抄袭行为比我们了解的更为恶劣……同时发出一个响亮、清晰的信号——剽窃是不正确的，我们对此表示欢迎。……今天，价值取得了胜利，我希望整个世界都在倾听。"

看起来他打了一场漂亮仗。但Media Measurement调查公司却给出了这样的结论：苹果公司的声誉因胜诉而跌落了不少。业界甚至还有人使用了不雅的语言抨击苹果，在他们看来，苹果根本不是在用专利法来保护创新，苹果所谓的创新专利过于牵强。

身价23亿美金的富翁Mark Cuban更是讽刺道："致苹果公司：我家的电视机也是长方形圆角的。以前我也见过不少方形或者长方形的电视机。现在看你的了。"这对苹果来讲，并不是一个利好因素，因为连苹果最引以为荣的"果粉"们也大多保持沉默，为苹果公司公开辩护者更是寥寥可数。

这对苹果的产品形象一定是个打击，不管打击是大是小。

乔布斯不在了，苹果再像以前一样顺利推出一款像iPhone或iPad一样的革命性产品的时代也似乎一去不复返了，管理们虽然坚守着同样要求苛刻、追求创新的文化，但是那个紧紧盯着每一个人的"教主"已经被上帝召唤走了，一切都不可同日而语。

乔布斯留下了一个利润丰厚的商业模式，库克们必须保卫、呵护好这种商业模式，让它不受伤，这样才能避免隐形资产的流失，这是苹果重大转变的开始——它趋向于保守。

Doblin咨询公司创新战略专家Larry Keeley一语道破天机："那种商业模式已经变成了一个镶金的樊笼，管理层不会做任何事去挑战这种模

苹果，
到底能走多远

式，而是会不遗余力地保护它。"

苹果在其新产品中换掉了Google的地图软件，尽管这招致了粉丝们的一片骂声，但以产品为中心的苹果不管这些，因为以前Google是苹果的盟友，如今换了身份，成了竞争对手，苹果自然不容许对手的产品出现在自己的设置中。

迫使客户使用苹果自身并不理想的产品，是苹果犯下的一个大错误，它让苹果开了一个不好的先例——用不尊重顾客的方式做事和过于泛滥的我行我素。同时，它让苹果忽视了一项最重要的工作——创新，而不是不顾死活地向旧产品榨取价值。

多年以前，当微软在领先的道路上一路狂飙时，Windows操作系统和Office应用程序像苹果的iPhone与iPad一样成为它的赚钱机器，之后微软的整个战略就似乎只围着这两个"财神爷"打转。曾经的微软也像今天的苹果一样用Windows平台推广自身的产品，并尽一切努力打压竞争对手，但它所推出的新产品则远失当年的风格，更像是"临摹"。

历史有着惊人的相似，苹果取代了当年微软的地位后，采用的行为方式和微软非常相似，自身创新不足，但对待竞争对手的手段却有过之而无不及。耗资巨大的专利权官司虽然对三星公司造成了很大影响，但苹果也一定伤了元气，而由此所产生的消极影响是苹果所不能控制的。

不管怎样，苹果分散了精力，它做了一件与创新完全无关的事情，它的全部价值仅在于保护自己的既得成果——尽管看起来有点"作"。

三星绝对不会"吃哑巴亏"，它会绝地反击。有三星的高层表示，他们一旦发现苹果发布使用LTE（4G）技术的产品，将马上对其进行起诉。三星在LTE技术上的专利数量仅次于诺基亚和高通，三星或许会以其人之道还治其人之身——用同样最有把握获胜的方式击伤苹果。

"拿下"三星，苹果并不过瘾，它还把炮口瞄向了在美的另外两大竞争对手——HTC和摩托罗拉。

由于开发Android系统的Google才是苹果的主要竞争对手，对这位Android的创造者苹果无可奈何，它只有"收拾"那些使用Android的手机厂商，把打击范围扩大到HTC和摩托罗拉，即是给各家Android手机厂商的工程师——全球各地的智能手机和平板电脑行业的每一位工业设计师和软件工程师一个"下马威"。不过，美国国际贸易委员会却表示，不会支持苹果的此项诉求。苹果看起来更像一个被宠坏的孩子。

可能的结果是，苹果在行业中变得更加孤立，三星和Google都曾经是它的合作伙伴，苹果表现得如此绝情，只能让同行们对其敬而远之。

科技顾问公司Creative Strategies Inc.主席Tim Bajarim就调侃道，苹果在起诉侵权上将会表现得非常进取，就算竞争对手是主要供应商，也不会影响他们的诉讼决定。

库克的高兴更多的可能是一种心理安慰，因为苹果取得的胜利根本无助于其同Android在全球智能手机市场的抗衡。2012年春季，Android全球智能手机市场份额高达64%，iPhone的这一数据仅有12%；在中国市场，Android的份额已经超过了80%，苹果更加被边缘化。

越来越便宜的Android手机让苹果的起诉变得力不从心，控告每一家使用Android系统的手机厂商显然是不可能的。因而，"轻取"三星在整体上看，意义并不算太大。未来即使是苹果获得更多的胜诉，也不利于其创新产品的推出。

"鹬蚌相争，渔翁得利"，北欧银行分析师萨卡米斯说："我们认为诺基亚和微软也是此事的受益方。"的确，苹果胜诉后，诺基亚股价上涨10.2%，微软在欧洲上市的股票亦上涨1.6%。

专利之争，不是一个聪明做法，苹果为此付出的代价可能是深远的——造成它在战略层面上的退步。如果紧步Google后尘，苹果的产品神话可能就真的成了一个神话。

3.
当创新失去引擎

创新是一个巨大的引擎,"乔氏创新"甚至让对手们看不到希望,但也正因为这样,对手们更加奋发图强地追赶苹果,可是到了库氏时代,正当对手们开足马力奋起直追时,苹果却踩了刹车。

如果把乔布斯比作一个创业者,那么库克就一定是个守业者。实际上,这也是业界普遍的观点。乔布斯喜欢用颠覆性创新为人们创造惊喜,他也因此赢得了所有人的青睐,更是以一种哲学家的气派引导着人们对创新的期待。

携带自己的得意之作 iMac、iPod、iPad与iPhone等产品称霸电子世界达十几年之久,乔布斯把这一记录书写得太过完美,以至于不太可能出现"后来者居上"的情况。

不过,如果我们换个角度,乔布斯已经打下了创新世界的江山,至少他可以让苹果度过相当长的"和平时期",他似乎把同行撇下得太远,因而库克根本就不需要再像他一样绝对性地推行苹果式创新。

或许,库克已经进入一个新时代,在这个时代里,他只需要在乔布斯成就的基础上,按照一定的幅度和周期,陆续对业已存在的革命性产品更新换代就可以了,他不必推出新的革命性产品,也能将庞大的苹果帝国延续下去。当然,前提是竞争对手走得不那么快。

> 英国知名设计评论家Alice Rawsthorn曾经在《纽约时报》发表文章说，如果苹果不能持续保持创新，并且改善生产过程中出现的环境和劳工问题，苹果有可能会像以往的顶级设计品牌那样逐渐衰落。

Alice讲的可能只是一个大的趋势，事实上，小修小补是业内的广泛做法，更有说更新换代、小步快跑已成为移动互联网时代的精髓。他们美其名曰"微创新"。哈佛商学院教授克莱顿·克里斯滕森把那些能颠覆行业格局的新技术称为"颠覆性技术"，而"微创新"由于没有大的变化，只是在局部进行改进，因而他称之为"维持性技术"。

不至于兴师动众，也能让产品充满新鲜感，不论是苹果i系列产品、三星Galaxy系列手机，还是Android系统及微信、微博等手机顶级应用，都是这一策略的产物，这也是大多数科技巨头所惯用的手法，所以才会不断出现类似于2.0、3.0的产品。

如果真的这样做，库克的工作就简单多了，他远比乔布斯管理人们的期待要容易驾驭得多，他只需要在适当的时候提醒用户该升级了，就完成了任务。

听起来革命性的创新只是乔布斯的历史使命，大量的专家都认为，库克很难领导苹果发起一场漂亮的、激动人心的技术变革。他们认为，"站在行业顶端的苹果正在慢慢丧失由内而外、自上而下发动技术革命的动能，过去的高效率创新机制正在慢慢失灵"。

以苹果地图为例，完美主义者乔布斯绝对不允许潦草的配置出现在iPhone 5里，他不会允许任何有瑕疵的产品面世；但在库克时代，这样的现象却大行其道，不尽如人意的苹果地图居然会被推向市场。这在"果粉"们看来，绝对是一场意外，而且也是一件令人大跌眼镜的事情。

苹果的"革命性创新"似乎注定只是一朵历史性奇葩，昙花一现而已，它需要企业灵魂人物对市场趋势有着极为精准的研究、判断。当

索尼的MP3非常出色时,苹果很快用iPod颠覆了MP3市场,因为索尼只关注音质,而苹果更喜欢美学;索尼把注意力放在了产品本身,而苹果却强化了iTunes的生态链建设。乔布斯对创新方向的理解定义了新的趋势,他承担的是一个引领趋势的角色。

对于一个大型企业而言,一款新产品上市并不是某一个人说了算的,由于需要承担由此所带来的市场风险,推出新产品往往需要经过内部多重讨论与筛选,然后说服不同的声音,创新才有可能被继续实施。但在这个过程中,如果有不懂新产品价值或者缺乏未来性嗅觉的决策者提出反对意见,新产品就会"胎死腹中",大多数的管理者并不喜欢在颠覆性创新上冒险,所以"微创新"才得以流行。

乔布斯拥有力压群雄的气势,他能在公司内部推行自己的"强权政治",当然,也因为他是正确的,所以才会成功。其跟随者所有的创新体系都是围绕用户需求进行设计的,他们根本无法与苹果相媲美。

消费者想要什么,企业就研发什么,这就是传统意义上的"满足消费者需求",但实际上真正起作用的是"创造消费者需求"。乔布斯从不做市场调查,是因为他更了解消费者。一个明显的例子是,当胸罩还没诞生时,有谁会想到女性会有这方面的需求?胸罩的发明"创造"了女性的需求,这就是革命性产品的价值,产品创新的决策权在企业管理者手中,而不是绝对性地来自调查报告。

乔布斯是聪明的,所以他能清楚地用产品来阐释"颠覆性技术"的内涵。而诺基亚曾在尝试走这条道路时付出了极大代价,诺基亚对Symbian系统投入了数十亿美元,结果Symbian大败而归,与乔布斯先前所犯过的错误如出一辙,不仅没有在与苹果之争中捞到任何好处,还让诺基亚错过了智能手机发展的最好时机。Facebook也曾走过同样的弯路,他们在HTML 5技术上投入太多精力也被认为是一个战略失误。

有这些"先烈"在前,决策者们对"颠覆性技术"趋之若鹜,同时又不得不望而却步,自认为"没有这两把刷子"的库克自然不敢轻易尝试。

库克实际上并不是不想延续乔布斯的精彩，他在继任苹果CEO后，曾经试图在"革命性创新"和"微创新"之间寻求一种完美的平衡，iPhone 5就是这样一款产品。苹果设计总监乔纳森·艾维直接坦白："我们不是想做一台新手机，我们想做一台更好的手机。"

iPhone 5体现了库克与他的团队的矛盾心理——既想创新，又不够大胆。

肯定会有人怀念乔布斯，因为iPhone 5的出现，那个对技术有着天生的敏感、享受技术带来的乐趣的伟大"教主"，他们甚至不忍心看着充满商业气质的库克这样"折腾"苹果，即便是擅长用高效率的管理将技术转化成商业，也难以取得粉丝们的理解与谅解。

从某种程度上讲，库克的做法有点投机取巧，推出平淡无奇的产品根本不是苹果的风格。Walter Isaacson在《乔布斯传》中写道，2008年，当时乔布斯把那个团队叫到礼堂里，无情地斥责了他们，之后当着所有人的面解雇了团队的领导，原因就是当时苹果发布了一款很不合格的产品——MobileMe。

或许是人们早已习惯了苹果的严谨，但更确切地说，是乔布斯的严谨，到库克这里，那样的严谨已经被封存，尽管乔布斯的精益求精让苹果成为了美国市值最高的公司。创新是一个巨大的引擎，"乔氏创新"甚至让对手们看不到希望，但也正因为这样，对手们更加奋发图强地追赶苹果，可是到了库氏时代，正当对手们开足马力奋起直追时，苹果却踩了刹车。

苹果CFO奥本海默曾这样评价iPhone 4所带来的销售奇迹："缘于苹果在新兴市场提供了更多低廉的选择。其中，在印度增长了400%，在土耳其和波兰分别增长了60%，在部分发达地区市场同样表现强劲。"

种种迹象表明，创新在苹果的记录里所承载的数据神话正在变淡。虽然这并不意味着苹果公司会把重心转向廉价iPhone手机，但"走下神坛"确实会帮助苹果释放低端市场的购买力。不过从长远来看，这并无

助于苹果的发展，前面已经讲过，低端机市场已经不是苹果的天下，而且降低市场预期有损于苹果的品牌形象和产品形象。

要想继续保持高利润，苹果必须登高望远，把更多的注意力投放到外部环境中去。

在相当长的时期内，苹果表现得与同行是那么的格格不入，但它不可能不受行业大环境的影响。有业内专家说，创新和增长成为困扰苹果公司的难题与产业发展的瓶颈期有关。这位专家表示："在整个智能产业链创新未能突破的前提下，苹果的创新也会受到相应的影响，例如弯曲性屏幕、钛金属材料等类似高成本配件的改变，苹果也需要权衡消费者是否能接受。"

对手们可以借助于苹果实现高增长，因为苹果足够领先，他们有一个先进的参照物，而苹果却不太容易从对手那里获取有益的借鉴，或许这也是苹果的一个宿命，领先就要付出领先的代价。

其实，从更深一个层面上说，这还是苹果自身的问题，如果不能维持革命性创新，就一定要面对"微创新"所带来的问题。当乔布斯疯狂领跑时，对手也加快了速度，这种速度在库克登上历史舞台时仍然保持一定的惯性，这种情况与粉丝们的困惑交织在一起，所以有人呼唤乔布斯身上体现的完美哲学能够得到库克的承袭。

心在哪里，成就就在哪里。乔布斯几乎将所有的精力都投入在了产品上，结交政客、出国宣传、与投资者搞好关系都不是他所擅长的，乔布斯恰如其分地对自己作出了定位——产品经理，所以他多次创造苹果神话；但库克却不得不"分散"他的精力，因为不管从哪个角度上讲，来中国进行公关活动都是必需的，他也必须通过分红来维持与投资人的关系。

或许改变苹果的气质是一个无奈之举，库克不得不把苹果从一个由艺术家和天才控制的公司，变成一家更富有商业气氛的常规企业。

4.
真正领先的不是技术

对于企业而言，真正的创新并不是技术的创新，而是"为技术创造出市场"的创新。

"乔布斯能够说服数以千万计的人去买一部充一次电都管不到一天的手机，我还要多说什么呢？"

如果把技术创新比作引擎的话，那么真正促使苹果起飞的另一种创新一定是整个发动机。这就是如管理大师彼得·德鲁克所说的，"真正的创新并不是技术的创新，而是'为技术创造出市场'的创新"。苹果成功的轨迹，人们看到的往往是乔布斯的技术创新，这往往是出于消费者或者观察者的角度，因为他们不需要经营。如果乔布斯没有市场营销大师的功底，苹果的创新可能还停留在工厂里或者管理者的办公桌上。

技术创新，很多企业都会，其中也不乏天才式人物的参与，但技术领先绝对不等于市场领先，而后者才是商业社会制胜的根本。

大家一定记得，1985年，乔布斯被赶出了自己一手创办的公司——苹果，董事会给出的解释是他过于沉迷于技术创新，创新也会成为一种错，但"此人不切实际地追求技术创新"的确是当时乔布斯不得不面对并反省的问题。

公司不是不给他机会，乔布斯负责研发当时

苹果，到底能走多远

世界上最先进的个人电脑——"麦金托什"（Macintosh），这款拥有先进图形操作系统的"革命性创新"产品，在技术上遥遥领先于竞争对手——IBM-PC机。但可惜的是，这款技术领先的Macintosh并没有给苹果带来好运，旷日持久的研发耗费了公司大量的人力、物力和财力，也消耗了大量的时间成本，结果产品销售不佳，项目最后不得不下马。

痴迷于技术创新的乔布斯尝到了失败的味道。挫折会让人真正静下心来思考，从而产生新的启发，这次经历让乔布斯真真切切体会到，技术不是最重要的东西，单纯的技术创新也不会给公司带来领先的地位。过于超前的创新根本无法得到消费市场的理解和认可，市场消化不了的产品实际上与废品无异。

离开苹果之后，乔布斯开创了新公司NeXT，福斯特尔就是那个时候加盟了乔布斯团队，并与他患难与共长达15年之久。

乔布斯研发出NeXT STEP操作系统，并生产出NeXT电脑，在这款产品里仍然应用了当时最先进的技术。1988年，乔布斯推出针对大学生市场的电脑Cube，但由于定价过高而败北。乔布斯不甘心，随后又面向出版、医疗、法律等一系列专业细分市场推出新品，不过结果都不尽如人意。

乔布斯创办NeXT的目的就是要彻底打败苹果，但结果是，NeXT于1996年以4亿美元的价格被苹果收购。

乔布斯曾一度设想，精美的工业设计和熨帖的用户体验能帮助他领先市场，如果把苹果早期的成功经验复制到NeXT或许是另一片新天地。实际上，他的想法的确有一定可取之处，也能助他在大市场中获得差异化竞争优势，却不能让他真正赢得市场。

最终，由于当时NeXT的硬件过于昂贵，系统又缺乏支持，多方失利之后，其硬件部门被裁掉，软件部门则被迫卖给了苹果。

NeXT虽然是个失败案例，但如果没有NeXT STEP，就很难产生操作系统Mac OS X，作为第一个基于Unix又易用的图形操作系统，无论是Mac OS从PowerPC 跨越到Intel，还是iOS从Intel跨越到ARM，苹果都是它的直接受益者。

开发NeXT STEP系统的团队后来进入苹果，这个开发团队写下了NSObject，并在平板上做出了第一个iOS原型。

Mac OS从PowerPC跨越到Intel的经验，对iPhone的迅速推出功不可没。

12年后，犯了大量错误的乔布斯在回到苹果之后并没有重复在NeXT走过的弯路，他有了全新的思路，仍然选择在竞争最激烈的主流消费电脑市场搏杀，以更好的用户体验和设计来为自己的独特性加分。

他同样追求技术领先，但不再是一味追求，而且苹果在研发上的投入并不多，相对于IBM、微软、英特尔等公司来说，苹果在基础科技研发上的投入几乎不成比例。"一朝被蛇咬，十年怕井绳"，乔布斯带领下的苹果总是有意避开与高投入相伴随的高风险。

苹果式创新虽然形成了一面旗帜，但在事实上，无论iPod、iPhone还是iPad，其核心技术很少出自苹果的手笔。道理很简单，一家企业如果真的需要技术，完全可以通过购买专利获得，"涅槃归来"的乔布斯把创新理念应用到了"用户体验"上。乔布斯所做到的，也只是极其完美地改进既有技术，使产品更加符合用户的审美而已，能够最大限度地被用户接受才是最重要的。

以触摸屏技术为例，早在20世纪70年代即已被发明，并且已经在自动取款机上得到广泛应用，苹果只是改进了这项技术，把它搬到手机和电脑上，仅此而已，它却成了苹果产品的制胜利器，以至于带有触摸屏技术的手机和电脑很快成为风靡时尚的俏品。

乔布斯绝对不是传说中的"创新天使"，他只是完成了从"让用户

容易使用、乐于接受"到"塑造用户新的使用习惯"的过渡，在这个过程中，苹果才真正实现了从"技术创新"到"技术领先"的跨越。

iPhone 4上那个"被打磨得银光闪闪的软硬整合"被业界赞不绝口，但正是孤注一掷的坚持"软硬整合"，正是乔布斯被赶出苹果的诱因，个中因由颇值得玩味。

有了iOS 1.0的华彩篇章之后，ARM再续完美。虽然Palm或Nokia表面上占据ARM，但是系统在Mac OS级别的功能和更复杂的人机交互面前却灵活自如，连Windows也自叹不如。

NeXT和PowerPC是两个失败，正是这两个让乔布斯刻骨铭心的失败带来了Unix图形操作系统，并为2007年iPhone的一飞冲天提供了前提。

2007年，当一个行业新人——乔布斯拿着一个昂贵、功能欠缺，又没有Apps的iPhone向外界高呼将领先业界5年时，几乎整个世界都笑了。但iPhone确实做到了。

超越基本功能诉求，用独特、精致的设计给用户带来卓越的愉悦享受似乎是产品更高级别的意义，所以领先的是一种感觉——给顾客创造的体验价值，如果仅仅以产品功能论英雄，一般的手机都能满足用户需求，价格高高在上的iPhone不会有如今这样的竞争力和声望。把用户培养成粉丝才是富有成效的做法。

其实，乔布斯的过人之处，正是吃透了用户的需求心理，他创造的是一种需求革命，在他所主导的这场革命中，他让顾客的消费需求走出了常规的理性范畴，苹果成了电子信息时代的"拜物教"。所以，即便是苹果产品有这样或那样的不足，但依然炙手可热，缺点在粉丝那里却被演绎成了特立独行的风格。

真正领先的创新，是为技术创造出领先的市场。乔布斯并不能被称为真正的创新者，他更适合"整合专家"这样的称谓，这也难怪，业界给他起的一个绰号是"伟大的小偷",就是通过利用和改进别人的技术而进行"拿来主义",透过别人的努力实现自己的目标,站在巨人的肩膀上摘取自己的成功果实。

这与管理大师彼得·德鲁克所说的理念不谋而合,他说,对于企业而言,真正的创新并不是技术的创新,而是"为技术创造出市场"的创新。

乔布斯令苹果公司的首席宣传官显得很"无奈":"乔布斯能够说服数以千万计的人去买一部充一次电都管不到一天的手机,我还要多说什么呢?"

那些追赶苹果路线的公司是不明智的,而有好东西但不能做出来仍然是困惑很多企业的瓶颈,把好创意锁在抽屉里或者夭折于董事会的会议桌上,或许仍然不是个案。很多公司不缺钱,不缺技术,不缺人才,但却不能制造领先的市场。

设计和引导出吸引粉丝的设备,然后建立一个系统,用内容和应用程序来充实这个系统,通过丰富用户体验,来增强用户的忠诚度。这就是苹果的领先之道,这是一个清晰的苹果式商业策略。

持续关注市场趋势,拿捏好消费者喜欢的产品类型,然后推出凌驾于消费者审美之上的产品,苹果的领先策略看起来似乎很简单。

5. 被无限抬高的粉丝期望值

粉丝们的期望只是由于乔布斯时代新苹果产品的出现而出现的，它不是一个定数，也不是一个可量化的标准，所以根本不能成为苹果发展的风向标，伺机满足粉丝的期望是个危险动作，尽管不能不顾及他们的感受。

史蒂夫·鲍尔默2012年8月23日宣布，将在一年内辞去微软首席执行官职务。随着这一消息的发布，业界再一次把目光关注到了微软。当然，也有人不忘它的竞争对手——苹果。美国著名的经济学家Paul Krugman就将微软与苹果进行了比较，并得出"苹果的问题可能比微软更严重"的结论，他说苹果至少也面临与微软同样的问题。

Krugman认为，"与微软不同的是，苹果一直没有销售低档的产品，不过，苹果的产品并不比竞争对手的产品强多少，但销售价格却要高很多。苹果之所以能够做到这一点，主要还是得益于其庞大的应用网络"。他说，苹果的地位不再那么牢固，主要原因是苹果非常依赖于个人用户对其产品的忠诚度。

乔布斯时代的苹果在自由市场处于顶端的位置，这也是他的一种信仰，乔布斯的高标准也大大提升了公众对苹果的要求，而当苹果给人的完美感觉伴随乔布斯逝世而渐渐远去时，个人用户对苹果的忠诚度还会那么高吗？

消费电子越来越成熟，竞争也越来越白热化，技术与产品的生命周期更会越来越短，颠覆性创新也可能被压缩成"微创新"。如果技术不能被及时转化成商业成果，并变成市场优势的话，新技术很可能就会取而代之。

或许，"微创新"也是库克让苹果在忠诚的用户中保持新鲜感和期望值的有效手段和方法，他需要将苹果现成的"颠覆性技术"中的商业价值及时、有规律地挖掘出来，就有可能创造出一种库克式期待。与乔布斯不同，尽管不太可能为公众创造惊喜，但至少，可以延续乔布斯时代的风格。

iPhone 5充其量是库克"刺探"市场的试验品，被认为是向资本、市场妥协的产物，从配置上看，搭载最新的iOS 6操作系统，Siri功能得到加强，外加支持3D地图，苹果A6的处理器型号和800万像素背照式摄像头。

iPhone 5"微创新"痕迹相当明显，相比iPhone 4S更加纤薄，在外观上更加突出新意，正面和背部分别采用了玻璃面板和金属后壳，此外，4英寸Retina视网膜屏，1136×640像素的分辨率，显示效果高过前代iPhone产品。

iPhone 5主要对屏幕、系统、处理器等方面做了一些提升，但缺少了像三星Galaxy S3那样的功能，在一定程度上影响了期望值。

从功能方面来讲，iPhone 5功能的使用率和必要性并没有得到质的提升，而iPhone 4S的双核处理器和其他方面的功能可以满足绝大多数人的使用要求：iPhone 5远没有达到可以令用户更新换代的标准。

此外，由于iPhone 4S采用iOS 5.1.1系统，只要用户不自行升级到iOS 6系统，也可以完美越狱，通过安装第三方插件就能增强使用体验。而iPhone 5却加大了越狱难度。

因此，且不说同三星Galaxy S3相比，和iPhone 4S比较起来，iPhone 5也是喜忧参半，iPhone 5比iPhone 4S的相对优势不是很明显。

苹果，
到底能走多远

通常来说，追随苹果的品牌并忠实升级产品的粉丝大多是时尚个性一族，但眼下，iPhone 5外形与iPhone 4S差别不太大，算不上时尚，且个性也不是很足，iPhone系列所依赖的个性用户在对待iPhone 5时可能多少有些矛盾心理，它看起来似乎并不值得入手。

由于库克诉求的是一种介乎"颠覆性创新"和"微创新"之间的成果，iPhone 5表现出来的也自然是个折中的产物。库克还是不想走寻常路，但在二者之间寻找结合点并不容易，如何管理好公众尤其是"果粉"们的期待仍然是项艰难的挑战。

追求十全十美的乔布斯培养了一批十全十美的粉丝，他们都睁大眼睛盯着苹果的新品，这也正是经济学家所谓的苹果式原动力，也是苹果与微软的相对优势。但显然，库克无法避免人们拿他与乔布斯比较，无法阻止公众用颠覆性创新的代名词套在他身上，他们的希望无非是让苹果的颠覆性创新成为常态，不管是乔布斯，还是库克掌管苹果。

这种曾经被无限抬高的粉丝期望是一个大大的难题。

库克很清楚他的目标用户想要什么，就像一个人，天天吃五个馒头才能吃饱，突然有一天被告知，以后他每天只能吃两个馒头，他自然无法接受，这是一种习惯。这也是个可以被慢慢改变的习惯，当他发现吃两个馒头也可以时，他就养成了新的习惯——只吃两个馒头。但给馒头的人却不一样，本来他只有三个馒头，给出两个他已经尽力了，如果给五个他就得破产。

当年柯达开发出世界上第一台数码相机，按说它应该像苹果一样开创一场相机领域的革命，但实际上，由于害怕革命性产品对自己的传统相机业务产生毁灭性的影响，最终它将庞大的数码相机市场拱手让给了索尼等企业。柯达自己不舍得给自己造成毁灭性打击，但竞争对手却舍得，结果柯达自己死得更惨。

乔布斯时代的苹果走上了另外一条路，通过颠覆性产品革了别人的命，用iPhone成功终结了诺基亚神话。库克虽然还不至于犯和柯达一样的错，但粉丝们所期待的颠覆性创新是把双刃剑，这把剑不是所有人都能像乔布斯一样舞得好的。

且抛开乔布斯因素，单从颠覆性创新上讲，革命性技术固然可以支撑一个庞大的商业帝国，比如微软靠windows系统、Office程序支撑了一个庞大的商业世界，其大到曾经一度使美国政府想要拆分它，而Google则依靠搜索技术快速发展成为一个全球一流企业，苹果靠4款产品快速攀升为全球市值最高的企业。但还没有一家公司能够维持这样的颠覆性创新，显然，长期保持颠覆性创新是件不太可能的事情。

苹果的手机售价已经很高，但若推出更具有革命性的产品，其高昂的制造成本会让新一代iPhone在价格上居高不下，如果它还能创造疯狂购买潮的话，粉丝们可能需要付出更大的代价，也就是说，粉丝必须为自己被抬高的期望埋单。

还有一种结果是，新苹果产品只占领了金字塔尖上的小众市场，更多的粉丝可能因为苹果价格太高，可望而不可及，而放弃追逐游戏，或许也会改变消费取向，将喜好转向三星等品牌。如果没有足够的销量做支撑，苹果就可能重走乔布斯当年曾经走过的弯路，只是犯错的层次更高而已。

一切都是以市场占有为根本导向，以产品为中心的乔布斯也是以读懂市场逻辑为前提的，达不到一定的销量就支撑不起高股价，如果苹果的股价一泻千里，库克也就到了卷铺盖走人的时候了。

问题不在粉丝的期望上面，而在于如何管理并引导好这种期待，对一个被宠坏的孩子，要想满足其要求几乎是不可能的。苹果也一样，有人认为因为iPhone 5加长造型是苹果丧失"创新精神"的体现，就多少有些无理取闹，苹果最大的创新在于它的生态链，而不是某项功能。

粉丝们的期望只是由于乔布斯时代新苹果产品的出现而出现的，它不是一个定数，也不是一个可量化的标准，所以根本不能成为苹果发展的风向标，伺机满足粉丝的期望是个危险动作，尽管不能不顾及他们的感受。所以，库克上任之初就"火速"前往中国，或许，乔布斯到这个时期也会采取同样的措施。

进入"微时代"不可避免，库克必须用合适的方式告诉粉丝们要习惯于"吃两个馒头"，因为"吃五个馒头"的时代已经成为历史。

"微时代"的产品可能不够完美，但可以不断改进，实际上，一定的瑕疵会适度给被抬高的粉丝期望"降温"；而及时纠正不完美之处，则可以帮助他们实现新习惯的过渡，通过放大粉丝们的容忍度来获取更多产品空间。

尽管分析师们已经降低了他们对苹果的预期，尽管消费者热衷的话题已经转变为对更新一款iPhone的期待，但主动权仍然掌握在库克手里，他似乎可以令苹果"起死回生"。

不过库克还必须面对这样一种情况，如果潜移默化的影响改变大众对苹果创新习惯的判断，把苹果的新产品当做库克"糊弄"市场的一种应付，那么这将是苹果一场新的公关危机。在Android系统的手机、Windows phone系统、三星Galaxy S3、HTC One X，以及并不甘心的诺基亚等竞争对手的包围中，他必须创造出足以吸引消费者（尤其是苹果的铁杆粉丝）放弃其他产品的产品，这才是苹果的"生命线"。

适当改变人们挑剔的眼光是有风险的，苹果绝对不可以做有名无实的升级，如果竞争对手升级的幅度，或者推出新产品的革命程度超过苹果的话，苹果的优势会进一步被削弱。

要管理好这种期待，库克虽然有主动权，但手里的牌确实不多。

6. "神话"背后的本质

> 苹果的产品有多畅销,其对中国的环境污染就有多严重,苹果供应链越膨胀,欠中国人的良心债就越多。

2012年12月6日,库克向外界高调宣称,为配合美国政府正在推动的"重振高端制造业"计划,苹果"2013年将在美国重新建立Mac机生产线,将制造业岗位重新移回美国"。

有第三方调查数据显示,iPhone 5的整机成本只有1039元,但它在中国市场的售价最低也要5288元,毛利率高达409%,而且iPhone 5在中国的发售价比美国居然高出了23个百分点。一边在中国大量捞金,一边撤资回流,让中国人蒙受下岗损失,不得不让人觉得什么便宜都让苹果占去了。

iPhone 5在中国内地发售,并没有出现之前的哄抢局面,苹果"神话"已经褪色不少,库克甚至表示要处理iPhone 5的库克问题,不知是为新产品"铺路",还是制造一种新的期待。背后个中原因,不乏粉丝们对崇拜机体的一种怀疑。而早就有媒体批评苹果,一直以来从未给予中国消费者与合作伙伴足够的关注与尊重,更是傲慢地把中国当做一个纯粹的倾销市场。

作为苹果世界第二大消费市场,中国市场为苹果贡献了将近三成的收入,尽管如此,苹果

苹果，到底能走多远

继续把中国消费者视作"二等公民"，再次错失苹果产品发售的首选之地；非但如此，在第二轮发售的22个国家名单之中也没有中国的名字，而iPhone 5在中国的发售时间则比美国整整晚了3个月。

苹果式傲慢在中国被演绎得淋漓尽致，或许，像日本人认为的那样，反正有一大群足够庞大的粉丝一定会为新产品埋单并欢呼雀跃，"嗟来之食"有人吃，不必大惊小怪。这是苹果的逻辑。

乔布斯为自己的神话"定做"了一系列"吸金"机制，既然"粉丝战略"大行其道，又为何不做"顺水人情"呢？苹果的利益之手在中国合作伙伴身上也被展现得一览无余，苹果在中国的8家零部件供应商仅2012上半年就为它创造了204亿美元的利润，而他们自己的同期利润总额才只有1.54亿美元，这种"俯首甘为孺子牛"的奉献精神当然是苹果所喜闻乐见的。

苹果的"帝国主义资本家"的角色也浸润到了中国电信与中国联通，这两家运营商占据了中国通信市场50%的份额，但他们的利润总和却只有中国移动的25%，个中原因颇值得玩味——因为他们为"洋东家"苹果做了件华丽的"嫁衣"——两家运营商的巨额利润被苹果攫取，苹果只给他们象征性地支付了一点"好处费"而已。

如果说线上的合作是"周瑜打黄盖，一个愿打一个愿挨"，那么线下供应链所呈现出的问题则是苹果欠下中国人赤裸裸的良心债。

苹果承诺它的产品无论在哪生产，都会确保最高水平的环保标准，外表光鲜亮丽的苹果虽然在环保的承诺上不折不扣地延续了乔布斯式的"高调"，但仍然掩盖不住其资本主义"嗜血"本质。

苹果向外界一再强调对自己在供应链环境问题管控上的严格，在《供应商行为准则》中也发布了包括减少温室气体排放、祛除有害物质等内容在内的详细规定。不过据苹果的供应商自己所说，"表面上看起来苹果有一套防止供应商污染的规章,但是在实际过程中,这些往往都只是走个过场"。苹果在这方面的实际操作成了一种"面子活"。

2010年6月8日,苹果一家供应商排放的生产废水中磷酸盐浓度为3.79 mg/L,而其污染物排放许可证规定中允许最高排放浓度标准是磷酸盐0.5mg/L,超标排放将近8倍,结果这家企业仅被罚款4万元。更有下游工厂采用规避监管的方式排放水污染物,存在重金属超标等问题。

2011年发布的一项权威报告显示,苹果产品的生产线上有137名员工己烷中毒,员工伤残问题均未得到合理解决,面对工人们的呼声,苹果公司不予正面回应。而苹果位于江苏昆山新城的两家供应商被指排放污水和废气,已造成邻村居民批量患上癌症,患病率超过20%,给当地的村民健康问题带来了极大威胁。

这些患者中,有8例肝癌类病症、7例胃癌及5例鼻癌、淋巴癌等,年龄从45岁到86岁不等,其中已经有人因病离开了人世,而他们当中几乎全部是由自己承担了所有医疗费。苹果对此等事件均保持沉默。

报告称,苹果公司有27家在华供应商存在严重环境问题,有的重金属超标近200倍,造成毗邻区域民众疾病高发。有受害者将苹果描述为"黑色苹果":"如果你知道在苹果品牌光鲜靓丽的背后,隐藏的是一批批在华血汗工厂,严重危害公众健康,'黑苹果'就不奇怪了。"在苹果"神话"的背后,支撑其品牌帝国的,居然是以中国人的健康为代价,这是苹果的另类本质。

以《供应商行为准则》掩人耳目,苹果对环境负责的空头承诺已成为公开的话题,作为苹果机器的一部分,供应链出了事,苹果却把责任全推脱得一干二净,无助于公众对其企业责任的追究。

苹果的产品有多畅销,其对中国的环境污染就有多严重,苹果供应链越膨胀,欠中国人的良心债就越多。

苹果，到底能走多远

从事企业社会责任研究的清华大学博士郭沛源对此直言不讳："在国际企业社会责任领域，已有一些理念涉及品牌商的责任问题，称之为'生产者的延伸责任'。其实这里的生产者不是生产供应商，而就是苹果这样的品牌商，品牌商的责任是有延伸的，不仅仅是它所控股的那个业务的流程。……能力越大，责任就随之越大，苹果有足够的影响力去影响它的供应商，它就应该承担这些责任。"作为一个大型品牌商，苹果既然生产了产品，就必须对产品的整个生产过程负责到底，否则其所谓的环保就失去了实际意义。

在北京注册的非营利环境机构公众环境研究中心主任马军批评说："如果IT品牌在采购中只问价格不问环境表现，就会变相鼓励供应商降低标准赢得订单……苹果对在华供应商的工作介入较深，他们是可以做到加强对供应商的管理的。"

能做到的事情却充耳不闻，苹果的行为有够恶劣，用中国老百姓的性命为自己的利润埋单，苹果不再是一家负责任的企业，而是一个电子行业最大的"毒瘤"。

从这个角度上讲，苹果参加美国的"重振高端制造业"计划，对于维护中国人的健康方面，倒也是个转机，但从头到尾逃避责任的确不应该是一家超过很多国家GDP的企业的处事风格。

廉价劳动力、宽松的监管环境、丰厚而廉价的稀土资源以及"钱多人傻"的消费现象，使中国俨然成了苹果的成功天堂。不管苹果怎样"虐待"这位老实的市场达人，苹果的神话与中国都不无关系。

这或许为我们敲响了一个警钟，中国人以污染环境为代价生产出的产品，又高价卖给中国人，苹果在中国的市场上如入无人之境。想象一下，如果在美国，华为和中兴是最好的写照，还没进入美国，就被各种力量联合"围剿"，极尽阻击之能事，为中国公司进入美国市场设置了重重障碍，美国人绝对不允许一家外国企业把他们所有的钞票都打包带走，中国却是个"不设防的城市"。

尽管"以市场换技术"是中国的策略，但对于很多外国企业而言，中国的"开放"不是无底限的纵容，像苹果这样嚣张的西方企业在中国市场能长驱直入，的确有点"杯具"色彩，而另一方面，美国政府却一直奉行对华高科技技术产品实行严格的出口管制，禁止向中国出售或转移高科技技术，苹果"神话"对于中国来讲，是种"亏本生意"。

除了苹果外，还有像强生这样数十次召回问题产品均不涉及中国市场的公司，像沃尔玛、麦当劳这样在国内外均和苹果一样实施双重产品标准的企业，在中国的地盘实行贸易保护。苹果在中国的"全球化"有点冷，它在本质上远不像它的产品那样光彩夺目，是一枝"带血的玫瑰"。

第四章　"苹果式"营销与危机

　　苹果在中国遭遇了一场公关"滑铁卢",苹果的"傲慢"让它的不足暴露无遗,它的故事折射出了很多问题,其中不乏值得我们研究的经验和教训,从苹果的真实案例中,我们可以汲取很多有益的东西。

苹果，到底能走多远

1. 苹果被宠坏了吗？

国内粉丝的集体隐忍习惯和有关部门的公益责任担当缺位共同宠坏了苹果。诸如"苹果"这样"独霸一方"、处于垄断地位的洋品牌们，频繁对中国消费者"耍大牌"，与现行法律法规中规定的较低的违法成本和一些地方政府为其提供"超国民待遇"，都有着直接的关系。

当"拜物教"这个东西诞生的时候，就注定了某些粉丝的"悲惨"命运，做某种产品的忠实拥趸，似乎也要付出很大的代价。2013年的某个下午，有一个年轻的"果粉"，极度渴望拥有一部苹果牌智能手机，为了加入苹果一族，甚至不惜走上盗窃的道路，结果被"拘役4个月，缓刑6个月，并处罚金人民币5000元"。

从整个营销体系上看，苹果是不成功的，可以说相当"潦草"，但苹果产品却在中国"崇拜式"叫卖，无数粉丝们为之倾情、赴汤蹈火，与苹果的高高在上和歧视性形成了鲜明对比。人们不禁要问：苹果被宠坏了吗？又是被谁宠坏的呢？

"侵权事件"刚结束不久，三星就为Galaxy S3做了新版平面媒体广告，广告大标题是"无需天才，即刻拥有"，主题词是"下一个划时代的产品就在眼前。"可以说这是一个直接与苹果产品针锋相对的平面广告，是一场以苹果Genius品牌为"假想敌"的文字游戏。

很快，三星就得到了来自苹果一方的"火力回击"，不过叫板的不是苹果公司，而是它的粉丝。"果粉"们套用三星的广告模板制作了一个广告，以讽刺三星为主，此广告在网络上大量流传，公司未表态，消费者自告奋勇打头阵，为商家"主持公道"，还很聪明地以其人之道还治其人之身。

估计此举不但令三星很无语，不少看客也会觉得稀奇，这简直是亘古未有之怪现状。

伴随着"果粉"的声势不断壮大，苹果公司在中国市场搞的"双重标准"也乘势而上，它"仗着产品好"，就可以在中国"有恃无恐"地玩个性、耍大牌。

这些另类粉丝们往往异常地执著，有人称之为"死忠"，他们有着充满艰辛的追"星"过程。起初由于在线商店的缺失，他们只能在美国、香港代购最新的苹果产品，往往还要承担不菲的关税，实在是非常之不容易。

苹果在北京、上海新增两家旗舰店，被"果粉"们视为乔布斯大神"英明的决断"。Apple Store在线版的火热上线，在他们的解读中，是苹果对中国大陆市场的重视程度达到了前所未有的高度；可在电脑前方便地选购苹果产品，并且可以享受免费的送货服务，这种一般商家的常规动作，到他们那里，都是可喜可贺的独家新闻。

有一位粉丝说："如果第六代iPhone，叫iPhone 5，我就去跳楼；如果不叫iPhone 5，我就从Apple官网订购一台，然后送给已经关注我账号的粉丝。"iPhone 5发布当天，他就把头像设置为灰度，并说：本人已死。其微博只有三个关键字：iPhone 5，iOS 6，nano Sim。

他们倾向于把乔布斯的"神圣之处"迁延于库克时代："库克上任后，感觉对中国大陆越来越重视了。例如去Apple Store查看，以及iOS 6、OS X 10.8的中国本地支持，都充分说明苹果开始重视中国大陆地区，包括高德地图的应用，在发布会上单独介绍中国支持环节等。"这

苹果，到底能走多远

是他们赖以获取心理安慰的资源。

问题被曝光后，苹果公司迟迟不予回应，将我国的相关法规把玩于手中，在这个节骨眼上，居然也有粉丝站出来为它说话，这真是被人卖了还替人家数钞票的典型。

"躺在粉丝的怀里撒娇"，苹果在一条不归路上越走越远。

早在2012年6月19日和8月30日，中消协就曾两次点名批评苹果公司，甚至不惜以"万言书"斥责苹果公司无视中国法律，构成侵权。在2013年3月15日当天，中国消费者协会（中消协）又联合全国副省级以上"消委会"集中火力单独炮轰苹果。

一家外国企业，不远万里来到中国，涉嫌违反了《消费者权益保护法》《物权法》《合同法》《家电维修服务业管理办法》等多项法规，多次被点名批评却依然故我、置若罔闻，似乎"苹果规定"压过了中国法律法规，对消费者的维权诉求与质疑更是嚣张跋扈、不可一世，开创了外国企业在中国"刀枪不入"的传奇。

苹果在中国快速成长，在高端电子产品领域一枝独秀，与合作商的支持不无关系。iPhone 5在中国上市后，取得不俗的销售业绩，与其合作商有非常密切的关系。按理说，苹果应该感恩戴德才是，但现实的情况是，苹果在中国的合作商产生了越来越多的焦虑和不安，因为苹果不是省油的灯。

中国移动曾经"压得联通喘不过气来"，但iPhone却给了联通发力的机会。利用中国移动在TD-SCDMA向LTE演进的时间差，联通沃3G通过重金补贴iPhone用户，成功实现3G高端用户的"跑马圈地"，其用户量也迅速攀升至7000万户。

不过，与中国联通的营收规模大幅上涨的情况相对应的是，其净利润在不断下滑。以2010年为例，联通来自于3G终端的销售亏损高达31.7亿元，其大部分都为iPhone做了嫁衣裳。造成联通"旺丁不旺财"的首要原因，正是iPhone的补贴成本。

但也不能否认，能够从一个用户市场占有量最低、长期集中在低端消费群的品牌，成长为能够与中国移动分庭抗礼的局面，利用新一轮中国电信业重组赋予的天然优势和iPhone的品牌优势，联通借此得以在短期内树立起沃3G的高端品牌形象，获战略突围优势，花钱买形象，也算是一步好棋。

有一点不能忽视，如同三星昨天与苹果还是老伙伴，今天就对簿公堂了，苹果为了自己的利益，似乎随时都会翻脸不认人。真应了那句老话：商场如战场，没有永远的敌人，也没有永远的战友。唇亡齿寒，连应用开发商们也会担心，苹果的那把大火会不会烧到自己家的大门口，他们是否会遭到苹果的挤兑与"暗算"。

南宋时期，金兵中流传着这样一句话："撼山易，撼岳家军难。"如今，我们可以这样说："撼手机易，撼苹果难。""果粉"们诉求权益，就像拳打棉花一样，尽管投诉之门和诉讼之门大开，但争取不到公正的待遇，投诉可能会杳无音讯，得不到受理；即便受理，高昂的诉讼成本也会让他们望而却步。

在国外有过这样的先例，粉丝们集体起诉苹果，甚至连iPad升级过快都会成为他们控告苹果的理由。

2011年，近3万名韩国iPhone手机用户，集体起诉苹果公司未经同意擅自收集用户隐私。36岁的韩国律师金炯锡向韩国地方法院起诉苹果韩国分公司，状告苹果公司"收集用户位置信息"，侵犯其私生活，要求赔偿100万韩元，约合6000元人民币的精神损失费。结果法院判决苹果公司向金炯锡支付了精神损失费。

之后金炯锡召集更大规模的针对苹果公司的集体诉讼，并成立了维权网站。苹果只支付精神损失费，但并不承认侵犯了用户的私生活，苹果方面要求用户们提供损失证明，为集体诉讼的获胜增加了难度。

苹果，到底能走多远

我们再往前看，2010年，iPhone 4因"天线门"问题被集体起诉，结果苹果公司赔偿了每位美国的iPhone 4手机用户赔偿15美元，或是提供一个保护套，但对中国用户未作任何表示，粉丝们再次遭遇双重标准待遇。

有律师说，是法律差异导致判决不同，美国当地的法律支持美国用户获得赔偿，而苹果公司与美国用户的和解协议对中国用户无法律效力。中国用户想获得赔偿还必须拿中国的法律与苹果再谈判，达成与美国用户类似的协议之后才有可能获得一个保护套或六七十块钱的赔偿。"路漫漫其修远兮"，苹果在中国又成为"漏网之鱼"。

中国修订的《民事诉讼法》规定，对污染环境、侵害众多消费者合法权益等损害社会公共利益的行为，法律规定的机关和有关组织可以向人民法院提起诉讼。虽然由此确定了公益诉讼制度，但人们还没看到苹果会因此而埋单的可能性。

有一种声音是，面对苹果式霸权，"吃皇粮"的中消协应该拉弱势群体——"果粉"们一把，只是点名批评呐喊，对苹果难以造成"杀伤力"，如果中消协能够代表他们提起集体诉讼，所产生的"蝴蝶效应"多少会令苹果进行一些必要的反思与应对。

批评的声音说，国内粉丝的集体隐忍习惯和有关部门的公益责任担当缺位共同宠坏了苹果。诸如"苹果"这样"独霸一方"、处于垄断地位的洋品牌们，频繁对中国消费者"耍大牌"，与现行法律法规中规定的较低的违法成本和一些地方政府为其提供"超国民待遇"，都有着直接的关系。

跨国公司敢对自己的"上帝"作威作福，本身就是一个反市场现象，合法经营与诚信是企业的底线。粉丝们也应该痛定思痛，唯有转变消费观念，理性消费，才会让品牌商家产生刻骨铭心的记忆，"宽容有度""杜绝宠溺"，苹果在中国市场才会走上正轨。

2. 花6000万美金购买一个教训

苹果"不差钱",6000万美元的权利转让费用,对于苹果来讲不过是九牛一毛罢了,不过6000万美元买一张"通行证",多少有些冤枉,这件事也给苹果上了生动的一课。

苹果商标事件败诉后,随着多地工商部门介入调查,iPad遭到多家苹果门店和代理商下架待遇。有一位资深"果粉"说:"作为一家在世界范围内有影响力的跨国公司,出现商标权的纠纷事件实属不该,希望苹果公司能尽早处理好此事。"

一直攻城略地鲜有败迹的苹果,怎么也没想到会掉进深圳唯冠挖下的"技术陷阱"。

2009年,一家英国IP公司以3.5万英镑的价格收购了台北唯冠的iPad商标,随后这家公司以10万英镑的价格,又将iPad商标权利全部转让给美国苹果公司。

不过富有戏剧性的是,台北唯冠的法人代表杨荣山,同时又是唯冠国际和深圳唯冠的法人代表。虽然台北唯冠出售iPad商标给苹果,但深圳唯冠却声称从未从事过这项交易。苹果败诉,因"商标侵权"行为面对行政处罚。

中国商标法实施细则规定:"商标注册申请人,必须是依法成立的企业、事业单位、社会团体、个体工商户、个人合伙及符合商标法第9条规定

苹果，到底能走多远

的外国人或者外国企业。"中国公司法规定，公司可以设立子公司，子公司具有法人资格，依法独立承担民事责任。因此，子公司属于符合商标法实施细则规定的企业，可以独立申请商标注册，独立行使注册商标的使用权、许可使用权、独占权等权利。

唯冠的做法并没有触犯中国法律。而在中国大陆，从APad到ZPad都被抢注，连涉及计算机类的Pad商标也被国内企业注册，苹果哭笑不得。

其实，早在2000年，唯冠旗下的台北公司在多个国家与地区分别注册了iPad商标。2001年，唯冠国际旗下唯冠科技（深圳）有限公司在中国大陆抢先注册了iPad商标。相对而言，苹果公司的动作就缓慢了很多，直到2006年，苹果公司开始策划推出iPad时才发现，iPad商标权归唯冠公司所有。

到了2009年，苹果公司与唯冠台北公司签署商标转让协议。之后，深圳唯冠表示，它与苹果的商标协议中不包括iPad的中国大陆商标权，唯冠台北公司不能代表唯冠深圳公司，它也没有出售权利，所以即便签署了转让协议，iPad的中国大陆商标权仍旧不属于苹果。

既然从台湾唯冠手中购买了iPad商标全球使用权，自然就包括iPad商标在内地的使用权，这是苹果单方面的认知。但是，深圳唯冠却认为，自己才是iPad商标在中国大陆使用权的真正拥有者，如果没有该公司的授权，苹果公司将无权在大陆销售iPad平板电脑。

依靠合法途径禁售iPad来向苹果施压，唯冠以此作为向苹果谈判的筹码，谋求巨额赔款。苹果则把希望寄托在庞大的粉丝群体身上，通过拖延计划，让"果粉"们去打先锋，对抗中国法律。苹果有时候也善于异想天开。

债台高筑的唯冠自然也不会放过iPad商标这根"救命稻草"，一向漠不关心中国市场的苹果注定了要为自己的大意付出代价。

2012年2月7日，唯冠科技向上海法院提出申请，要求发布苹果iPad

禁售令。2012年2月10日，苹果公司败诉，法院颁布苹果iPad 2禁售令。

此后，深圳唯冠还向海关提供材料，要求禁止苹果iPad的进出口，国内诸多苹果iPad渠道商、部分通信运营商、各大3C卖场、苹果电脑城经销商等苹果产品相关从业者也都有可能成为深圳唯冠的控告对象。

苹果"压力山大"，如果此事不能得到快速解决，苹果在中国将面临严峻的局面，其在华的形象和业绩都会受到很大程度的波及与影响。在这个事情上，苹果再也不敢沉默不语了，原先面对中国法律和消费者的冷漠均被抛到九霄云外。

后来，双方终于达成和解，苹果以向唯冠支付6000万美元的代价，从深圳唯冠那里正式取得了盼望已久的iPad商标，苹果新iPad也才得以在国内上市。

苹果"不差钱"，6000万美元的权利转让费用，对于苹果来讲不过是九牛一毛罢了，不过6000万美元买一张"通行证"，多少有些冤枉，这件事也给苹果上了生动的一课。

尽管中国已经强大起来了，但一些发达国家还不愿意面对这个事实，像苹果这样的企业，也自然或多或少地带着意识形态领域的"帝国主义痕迹"，他们从骨子里仍然蔑视中国，在外延上，自然造成了对中国大陆市场的漠视以及对中国市场近年来迅速增长的势头估计不足。

在经济行为上，持有"冷战思维"和"双重标准"，从根本上讲，不利于企业在中国的生存与发展，一向经营游刃有余的苹果之所以失策于中国，与其妄自尊大的高傲和惯性自我的思维均不无关系。

同时，这也是苹果对本土化战略的一项严格考验，对目标市场未能给予足够的敬畏和重视，当然也不利于其在入乡随俗和坚持企业传统理念之间找到最佳的平衡点，一个充满高傲姿态的头颅往往很难看清脚下的道路，忽视本土市场的文化特质，造成马失前蹄，缴学费在所难免。

苹果，到底能走多远

苹果公司于2003年11月在中国获得iPhone商标注册，不过该iPhone商标只覆盖了计算机软件、硬件两类。

而早在2001年底，汉王采用"e-phone"（中文"e风"）商标的第一款智能电话机问世，作为中国第一款智能电话机，编号为00001号的产品被中国电信博物馆收藏。

2004年，定位为高端智能电话的汉王在电话机、手提电话、可视电话类别上分别注册了i-phone商标，汉王的"i-Phone"融入了上网、可视电话及windows的某些功能，有更大的液晶屏幕。

2009年7月18日，苹果公司以365万美元的代价与汉王签订了iPhone商标和解及转让协议。

商标被抢注，考验的是一个企业的营销嗅觉，通常一些小型的公司或非知名品牌会在这个问题上"犯错"，但发生在苹果这样的国际大牌身上的确不应该。各国商标法遵循的原理基本都是"注册在先"，谁先注册了某一个商标，谁就拥有这一商标的权利，中国百年老店的商标被国外知识产权机构抢注现象也屡见不鲜，这均与企业对商标保护的意识不强有直接关系。

曾经的长城葡萄酒商标的拥有者——民权五丰葡萄酒有限公司的破产，就是祸起商标。这个曾经是河南省商丘市引以自傲的资本之一，早已成了这个地区充满伤感而不愿谈及的话题。1958年建厂，到1988年达到顶峰，民权长城葡萄酒的名号响彻大江南北，一度畅销国内外。但从1993年痛失"长城"商标使用权开始，民权葡萄酒逐渐被人遗弃在记忆的角落。

联想公司也曾因此失误过，没有提前在各国注册商标，导致遭遇抢注，最后不得不更换商标才实现国际化拓展，付出了非常大的代价。

这些失败的案例或许会警醒很多不注重商标保护的企业：只是埋头做产品、做宣传、创销量，却忽视了商标的地位，可能会蒙受更大的损失。

苹果在这方面也不是没有付出努力："我们当时商标权转让请的是英国的律师，不懂中文，所以对中国法律的理解有差异。"

苹果聘请了一位"洋和尚"，没想到外来的和尚不会念中国人的经，苹果得不偿失。唯冠方面的律师就旗帜鲜明地指出，"苹果方面曾经承认聘请有中国著名的商标代理机构，那么，对于花几千元就能完成的公开的商标检索，苹果不去做，这即使不是故意，也应该是重大过失，苹果不能把自己犯的错误让对方来承担责任"。

自己的过失，自然要由自己来埋单，苹果连一个懂得中国国情的律师都不愿意聘请，大意失荆州也在所难免了。

商标是一个企业在价值上可以量化的无形资产，保护商标，其实就是保护企业的核心资产，避免这部分隐形资产大量流失或者缩水。商标不仅是消费者选择产品或者忠实于品牌的重要依据，而且是企业参与市场竞争、与竞争对手取得比较优势的主要载体。商标是企业形象的重要标志，它象征着一个好的企业、好的产品和好的服务。

作为巨大的无形资产，一些驰名商标的价值甚至已经远远超过其有形资产。国际国内经济形势正在发生悄然变化，知识产权在企业资产经营中所占的比例及发挥的作用必然会越来越大。而在国内每年发生的商标侵权案件竟然达到数以千万计，商标侵权和被侵权正在成为国内创业型企业布局国内外市场的重要阻碍。

重视商标的价值，强化保护商标权的意识，一个公司要想做大做强，必须把商标问题解决好。

3.
店大欺客有没有？

"我只是要求技术人员向我道歉不对吗？你们店大欺客就可以，为什么我要求道歉就不行？"

"这是苹果公司的规定"，这句话成了无数苹果门店工作人员的潜台词。

2013年评选出的世界500强企业中，苹果排名第19位，营业收入1565.08亿美元，利润高达417.33亿美元，苹果仍然是一个全球性的"大店"。

2013年2月26日下午，"果粉"小张就有关他的iPhone 4S所出现的故障第6次拨打400客服电话，咨询技术人员：①手机间歇性无声音，即铃声、按键音等一切声音全部失效；②间歇性背景灯不亮；③经常出现无法锁屏现象。此前也因同样问题已经更换过两次主板，但手机故障仍存在。此次客服技术人员回复他，同一故障经维修3次未解决，可以要求换新机。

下班后小张来到上海某苹果店，找到维修技术人员，说明来意，技术人员则说需要再做系统鉴定，并且还将笔记本屏幕翻转到他的面前，告诉小张："你现在看着屏幕我给你做测试。"小张一头雾水，他不是专业人员，根本看不懂其所谓的测试。他说："如果我能解决问题，也不会到售后做维修。"此时，他发现苹果技术人员情绪有问题，言语间总是流露出不屑的态度。

检测完之后，技术人员仍旧说系统检测不出问题，不能更换，而且故障现象并不可见。不过小张这次是早有准备，有理有据，他拿出U盘并告知对方里面有故障视频，技术人员便把U盘插到Mac上面，然后技术人员告诉小张用iTunes打不开视频。由于上一次维修的时候，另外一个技术人员就和小张说过下次出现故障要拿别人的手机拍照片，这次小张就带了视频来，结果苹果方面又找了个打不开视频的借口。

小张觉得对方太不讲理了，情绪有些激动，一番争执之后，他坚持要解决问题或与经理沟通，技术人员只好进去请示经理。大约3分钟后，店员返回并带回他下午打400客服电话记录说："第一，经理说这些故障还达不到换新机的要求，只能留下手机做系统检测看是哪些问题导致，检测好后会通知你。第二，400客服电话记录中明确回复拒绝换新机，既然400客服已经拒绝为你换新机，我们店里也更不可能给你换新机。如你对售后结果有异议的话，可以自己再打电话询问，这个跟我们没有任何关系。"

小张说："这个应该是你们打电话去核实的，因为我下午打电话的时候是告知我可以换新机，既然你们可以查到通话记录，那也一定能找到接我电话的那个技术人员，而且也是有通话记录可查的。"

小张告诉对方，他只是想解决问题，既然与技术人员无法达成协议，那就应该叫他们经理出来。在小张的坚持下，技术人员又征求了经理的意见，回来说经理还是不同意更换。小张只有一个选择：留下手机做检测。

但小张的态度很明确：不同意留下检测，而是要与经理沟通。但他被技术人员告知留下检测就是经理意见，没必要与经理见面。小张见与技术人员无法取得一致，于是一不做二不休，自己去找经理。当他绕过

吧台，走到最东侧位置，准备开门进去时，却听到技术人员冲另一方向大喊一声"保安"。他这样一喊，正在办理业务的其他顾客也都齐刷刷地朝他看过来，保安也快速走过来并拦住他，告诉他非工作人员不得进入。此时，多位苹果员工把小张围了起来。小张对他们说："好，既然你们不解决问题，我报警总可以吧！"

当这些员工听到他说要报警后，都事不关己地继续工作。随后小张拨通110讲述这里发生的事情，大概15分钟后物业人员赶了过来，但是苹果店工作人员对他和物业人员均不理不睬，随后物业又来了一个貌似领导的人，他的到来引出了此苹果店的经理，这时小张终于见到了这位大牌经理的庐山真面目。

经理出来之后向小张询问了发生事情的经过，小张告知经理售后人员的恶劣行为，并要求该工作人员向他道歉，经理说："店内工作人员犯错误由经理代为道歉，而且苹果公司有自己的管理制度，客户不能要求领导对员工进行处理。"

当时小张对经理说："我只是要求技术人员向我道歉不对吗？你们店大欺客就可以，为什么我要求道歉就不行？"

此经理却表示刚知道这件事情，刚才一直在开会，一听说之后马上就过来了，还不知道发生了什么事情。"你在开会？可是我在修手机的时候，你们工作人员两次进去请示了经理，请示的是哪位经理？是不是他在撒谎？你们一个店里有几位经理？"小张反问道。

经理告诉小张有3位经理。小张又问："那你们技术人员请示的是哪位经理能告诉我吗？"经理无语了……

这时警察也来了，向小张询问了经过，并问经理能否解决问题，经理说可以解决。警察走后，经理答应为他换新机。

走出苹果店，小张才发现他在苹果店内足足呆了3个小时。

他再次拨打400客服电话，讲述了他下午在苹果店内发生的事情，不过售后人员告诉他，可以换新机是上个技术人员记录错误。

"苹果真是伤不起"，小张说，当个"果粉"太不容易了，工作人员的自以为是，经理的推卸责任，给他留下了深刻印象，如果说以后再换手机，苹果可能不再是他的"菜"。

小张的遭遇并非个案。对于3·15国际消费者权益日曝光出来的问题，苹果售后人员虽口口声声说是整机更换，但实际执行时消费者却很难得到整机更换，多数用户更换回来的新手机使用的竟然是原来的旧后盖。

当有人问苹果售后工作人员"后盖是不是整机的一部分"时，得到的回答全部是标准答案："这是苹果公司的规定。"如果用户想连后盖一起整机更换，那就得另外付500块钱换一个"单独的后盖"。

"店大欺客"的苹果也催生出了新的网络商机，因为从2007年第一代苹果面世至今，已有7个年头，第一批"果粉"的手机已过了保修期，他们不得不面对新的情况。苹果售后对iPhone 4就有这样的规定："不在保修期范围内的手机，维修时没有单独更换某个零部件的服务，而需要换掉整个iPhone的主板和电池，报价1598元。"有人看出了这个"漏洞"，居然专门做起了手机DIY维修和相关配套服务。

在淘宝网输入"苹果维修"，就有近千家店铺冒出来，用户不仅能找到电池、摄像头、后盖、液晶屏、音频排线等各种手机配件，还能买到全套的拆装工具以及详细的拆装说明，整个一条龙服务，比苹果店专业、用心多了。

其中有一个店主正是不屑于苹果公司的种种霸王条款，才决定开店为大量无辜的粉丝们提供服务。同是"果粉"的店主对苹果充满矛盾心情，但还是想提出批评："苹果的产品我都有，我一直是忠实的'果粉'，但是苹果确实有点店大欺客。换机子大概要1000多元，就是机器的一半价格乘以17%的税。但是作为消费者，大家肯定会换单独的零配件不会换整机，比如摄像头的话关系不到主板，单独换摄像头200~300

元的价格大家都能接受，比换整机便宜多了。"

果粉DIY修苹果产品能够流行起来，是苹果"店大欺客"现象的真实写照。

无独有偶，为了让开发者放弃Dropbox转而考虑iCloud服务，苹果一举封杀了Dropbox SDK应用，最为人诟病的iOS的封闭性，令苹果掌握着应用的生杀大权。

云中书城也遭遇到了同样的命运，同此前被苹果商店下架的App们一样，电子书阅读类App云中书城惨遭封杀。由于这个电子书阅读类平台拥有独立于苹果商店之外的支付平台，也就是说当用户购买书时，就可以跳转到网页直接付费下载，那么在整个出售书的过程中，苹果一分钱也拿不到，被苹果下架在所难免。

苹果"店大欺客"往往是赤裸裸的，具有鲜明的资本主义"冷血"特征，对于这样的企业，相信粉丝们肯定会擦亮自己的眼睛，不再对苹果盲目崇拜。

4.
缓慢文化

> "不可思议,苹果不承认事态的发展。这就好比飞机卡在跑道上数小时,没有食物,厕所也没法使用。飞行员不通过扩音器告诉乘客问题所在,也不说明故障是不是在修复中,多长时间才能解决,也不对乘客的遭遇深表同情。相反,他只是每3小时重复同样的话:'我们对造成的不适深表遗憾。'"
>
> ——David Pogue,《纽约时报》专栏作家

缓慢而谨慎是苹果设计产品所坚持的一贯方式。一直以来,苹果不骄不躁地用这种方式书写了多项商业奇迹,吃了甜头的苹果似乎认为缓慢是一种能为它带来好运的哲学,所以它在危机管理方面也承袭了同样的做法。

在遇到公关危机时,第一时间向外界澄清,一流的反应速度往往被视作对公众负责的态度,对在这个问题上延续缓慢的处理方式,被扣上傲慢的帽子似乎是情理之中的事情。

慢工出细活,苹果产品的完美可能与苹果式的缓慢有关,这似乎形成了苹果的一种企业文化——慢文化,苹果认为只有缓慢的才是完美的,在这种文化倾向下,不必关注外界的评论,甚至不必理会那些批评的声音,只有把所有事情搞清楚后,一次性发布消息才能"完美"地解决问题。

如果单从逻辑上讲,为了更清楚地阐明问题原

因，交代出具体细节，未尝不是个周全的方法，但在这个时间差里面，外界，尤其是媒体会有不同的解读，倘若在此期间，竞争对手或者比较敌对的声音左右了舆论的风向，那么迟到的解释可能就变成了借口。一旦回应时间过长，就会错失最佳时机。

苹果在中国被口诛笔伐，就说明了这一点。

Macworld编辑总监Jason Snell就直言不讳地指出，苹果的回应方式有一个清晰的模式：苹果会仔细调查事件，并在回应中给出很多细节。这种模式在地理数据泄露事件和"天线门"事件中都得到了很好的体现。其中在"天线门"事件中，乔布斯在谈到苹果反应迟缓时，作了声明，他说："我们是22天前得到这个消息的，此后一直在努力解决这个问题。我们没有对此置之不理。"

这看起来更像是一种无力的解释。

不过苹果把它们当成了成功的案例和可操作的做法，因为它都依靠这种缓慢的回应机制化解了矛盾，不过用这种个案来评定苹果式缓慢文化的价值与意义似乎是一种短见。

显然，这种做法与公众的期待背道而驰，可能那些温柔的消费者和充满善意的媒体会耐心地等待苹果的"磨蹭"，但在一个竞争激烈的市场中，这样的机会貌似越来越少。实际上，慢哲学在处理公关危机上，不奏效的例子反而更多。公众大都认为企业在面对危机事件时，应该做到反应快速。

> 专门帮助企业应对公关紧急事件的公司——勒维克战略交流的资深副总裁Michael Robinson的观点就很明确："我们生活在一个以秒计算时间的世界。企业的成长和死亡也是一样。它处理危机能花一个星期，下次就有可能花一个月。"

第四章 "苹果式"营销与危机

对于苹果这样的公司，Michael Robinson的观点看起来更像是一种忠告，也是一种真理，它说明了一个很严峻的事实，处理危机必须及时，否则就是对企业形象和产品销量的一个严重打击。非友好的媒介和竞争对手会利用缓慢大做文章。

2011年4月20日，数据研究人员发现，苹果iOS设备中存储有未加密的用户地理数据信息，时间最早可以追溯到10个月前。由于文件中存有信号塔和WIFI接入点位置，使得用户的行踪处于非安全的位置，并有被泄露的风险。

这件事被揭露之后整整过了一周，苹果才在其官方网站上用问答的形式来向外界做出回应。乔布斯称公司决定等待："当时我们必须把事情弄清楚，这花了好几天时间，然后还要形成文字，让这个高科技话题变得简单易懂。所以最后我们花了不到一星期的时间。"

我们常说"事后诸葛亮"，事情过去之后才去应对，其力道和所起到的作用远远弱于快速回应。苹果公司或者可以这样表达：公司将会及时处理，如果情况属实，我们将会严格处理……这样表达起码是以一种认真的态度在面对，而事后的动作则可能被视为一种逃避或傲慢。

2008年，收费服务MobileMe推出后，一次故障造成2万用户在数周内无法使用电子邮件，他们的电子邮件暂时无法读取。用户有偿使用电子邮件，发生故障应当是个非常严重的问题，用户可能会因此丢失与工作、家人和朋友有关的重要邮件，甚至会影响一项重大的交易，从而带来难以估量的损失。

不过在整个事件过程中，苹果除了发布"我们了解到这是一个严重的问题，并为服务中断而道歉。我们正在努力恢复您的服务"这则消息之外，对来自于媒体的质疑，根本没有做出其他任何回应。而这个含糊

的声明，只是承认事件的存在，既没有给出解决问题的具体办法和时间表，也没有显示出苹果的诚意和对用户的关心。

一场看似小心谨慎的缓慢危机管理，用户和媒体却已经对它判了"死刑"，因为在接下来的几个星期时间内，用户都没有得到苹果正面而积极的答复。等到苹果官方真正搞明白，而向他们澄清所谓的事实时，连黄花菜都凉了，MobileMe服务的品牌口碑遭到了严重践踏，就连乔布斯也发出感慨："MobileMe'不符合苹果标准'。"

在处理信用危机的问题上，苹果的公关部门似乎成了一种摆设，它的功能与职责也似乎发生了转变——只为新推出的产品发布公关消息以及向美国几家媒体和专栏作者提供测试产品。曾有媒体表述，在过去的十多年中，苹果是全球保密性最强的消费类产品公司，"在许多公司已开始使用博客和推特账号的情况下，苹果在信息披露方面仍表现得像是一家国防承包商"。

谁说苹果与外界的沟通渠道被阻塞了？苹果公关部门紧密掌控着与外界的沟通渠道，不过不是处理危机，而是让那些令苹果满意的记者获得新的信息而已。

《纽约时报》专栏作家David Pogue曾这样报道过："不可思议，苹果不承认事态的发展。这就好比飞机卡在跑道上数小时，没有食物，厕所也没法使用。飞行员不通过扩音器告诉乘客问题所在，也不说明故障是不是在修复中，多长时间才能解决，也不对乘客的遭遇深表同情。相反，他只是每3小时重复同样的话：'我们对造成的不适深表遗憾。'"

David Pogue通过比喻可以清楚地说明苹果式缓慢带来的后果是多么严重。所以，当用户们因MobileMe事件而深深受伤之后，他们已经很难再信任MobileMe了，而这种客户的流失可能是永久性的。

第四章 "苹果式"营销与危机

一种行为如果以文化的形式沉淀下来，那么改进的空间就很小。国内几大门户网站的科技频道作家们对苹果有着共同的看法，他们一致认为苹果是企业界最难相处的公司，尽管库克时代的苹果在态度方面似乎有了一些进步，变得更加宽松和灵活。

为了拉拢与中国粉丝们的关系，库克来到中国之后破天荒地接受了新浪、搜狐、腾讯三家门户网站和上海《新闻晚报》的采访。

这是一个非常难得的机会，媒体记者们自然都做了充足的准备，他们罗列出了最有"杀伤力"的问题，谋划了精彩的重磅报道。但是，到了现场，他们被告知，每位记者只能提4个问题，而且即便是这4个问题，也有时间和内容限制，之前准备的精彩问题都被"拒之门外"。

公众期待的重量级新闻到第二天上午都变成了"统一印发"，所有的头版头条"专访库克"里充斥着枯燥的采访实录内容，甚至连一张公开的照片都没有。库克的中国行有着鲜明的苹果缓慢文化印痕——一种挥之不去的灰色格调，一如既往地坚持了乔氏神秘风格。

上海《新闻晚报》第二天则发表了一篇标题为《苹果不会为抢市场推廉价智能手机》的文章，看似平常的一个标题，被美国媒体The Next Web引用后，苹果中国的公关人士就表达了"关切"——修改文章内容。

很快，《新闻晚报》就发表了这样的报道："苹果首席营销官菲尔·席勒在接受采访时表示，该公司将专注于为用户生产'最棒的产品'，不会盲目追求市场份额。"苹果立马沉默了，他们似乎更加喜欢这样的内容。

如果把苹果在产品方面的成就与能力比作一个巨人的话，那么苹果在危机管理方面的表现则像一个侏儒。这对苹果的长远发展而言，始终是个隐患，就像一个非定时炸弹，不知道什么时候爆炸。

其实对很多企业来说也都一样，不管是大企业，还是小作坊、小门店，处理公关危机不可以有半点的潦草，我们正生活在这个"微"时代，一个顾客发布一条非利好的微信可能就会令一批消费者远离某个品牌。

5. "上帝"的信仰并非无期限

人是善变的,当某些促使他改变看法的因素出现之后,所谓的忠诚度也将面临着极大的考验。

2012年10月25日,微软在纽约召开的发布会上正式发布"iPad杀手"——Surface平板电脑。当从苹果零售店出来的"果粉"们看到运行微软新操作系统的三星平板电脑时,都表现出了浓厚的兴趣。

他们大多数人认为Windows 8设备的确值得一看,甚至有人当即转变立场投身微软阵营。有位iPad用户说:"微软一直很伟大,也非常给力,我很喜欢。我已经对微软的产品进行投资,它的产品一贯良好,事实上我十分喜欢。我爱我的电脑,所以,我会是新品拥有者的其中之一。"

还有一位"骨灰级果粉"表示:"我喜欢它的屏幕布局,在iPad上,一切都是完全一样的大小,我感觉我很喜欢磁贴,这种感觉更有条理。我认为一款平板电脑应该有一块优秀的屏幕、良好的电池寿命和浏览器,在这里看起来它也有相当不错的分辨率。微软一直有良好的反应,相信他们做了很到位的工作。"

苹果的粉丝们不再是铁板一块。

人是善变的,当某些促使他改变看法的因素出现之后,所谓的忠诚度也将面临着极大的考验。

2013年愚人节的晚上,"果粉"们非常意外地发现苹果中文官方网站上居然有一封致中国消费者的致歉信，信中苹果承诺将升级中国市场的消费售后服务。而这封信竟然是苹果在中国"3·15"晚会被曝光后的首次公开表态。

人们都觉得不可思议，苹果是不是"吃错药"了？它在信中称："在过去的两周里，我们收到了许多关于Apple在中国维修和保修政策的反馈。我们不仅对这些意见进行了深刻的反思，与相关部门一起仔细研究了'三包'规定，还审视了我们维修政策的沟通方式，并梳理了我们对Apple授权服务提供商的管理规范。我们意识到，由于在此过程中对外沟通不足而导致外界认为Apple态度傲慢，不在意或不重视消费者的反馈。对于由此给消费者带来的任何顾虑或误会，我们表示诚挚的歉意。"

对于这个"迟到的安慰"，"果粉"们看法不一，绝大多数"果粉"认为，苹果只注重了中国的消费市场，而忽视了中国的售后服务。更有"果粉"调侃：这只是苹果在愚人节的玩笑，他们不相信苹果会变得更好。

国外一个机构曾做过一项调整，调查结果显示：苹果产品的用户忠诚度高于其他品牌。但业界并不认同调查结果，有人说"忠诚是因为他们受到的诱惑不够"。持这一观点的人认为，在当前这个什么都要分享的世界，人们变得越来越自私了，因为他们必须花费更多的时间来考虑如何公开展示自己。

不过，苹果现在仍然拥有无限忠诚的粉丝，这是一个事实，苹果制造了大量粉丝，但不足之处，只是并没有对他们进行必要的"管理"而已。尽管如此，这并不影响苹果零售店里面站满了人。

多项品牌忠诚度调查显示，苹果总是名列前茅。现在的问题是这种忠诚能够维持多久。

当一个人表现出他的忠诚度时，他的个人信仰会从中得到延伸，这

促使他会忽略掉忠诚对象的某些小瑕疵。但大量的人性解剖案例发现："人们总是乐此不疲地追求新鲜的事物，他们的期望总是不理性地被技术允许他们做的各种新鲜事驱动着……"而苹果则能够产生这种信仰式的驱动力，它用自己的"新鲜"引领着粉丝们的脚步。

但还有一种趋势不容忽视，时髦的苹果产品广受年轻消费者欢迎的时代正在悄然变成历史。根据市场调查公司YouGov BrandIndex的最新调查数据显示，"自2008年1月起，苹果在35岁及以上的成年人中变得更加具有吸引力，而对18—34岁人群的吸引力略有降低。"这是一种新情况，35岁及以上支持苹果的受访者逐渐增多，固然是好事，但苹果的主流拥趸却呈下降态势。

有人抱怨iPhone 5的4英寸显示屏太小，与三星4.8英寸Galaxy S3智能手机相比相形见绌。而苹果设计专家乔纳森·伊夫则说，苹果不想太多地改变iPhone的设计，于是iPhone 5令粉丝们大失所望。

苹果对NFC技术表现得过于吝啬，这款能够提供产品之间的通信和移动支付的功能出现在无数Android设备上，唯独iPhone 5中不见它的身影。粉丝们也并不喜欢新的闪电接口，而新增加的A6四核处理器早就成了Android手机的配置……iPhone 5被"果粉"界定为"一种追赶Android设备的产品"。

在竞争激烈的移动终端领域，新产品竞相涌现，当竞争对手纷纷革命的时候，持有"苹果教"信仰的粉丝们希望苹果能用革命性的产品引领方向，但恰在此时苹果却踩了急刹车——开始了更加商业化的路程。

当苹果的广告越来越富有商业气息时，从前那些色彩鲜艳的背景、随着独立音乐起舞的年轻人都成了过去式。苹果也不能满足粉丝们几近疯狂的欲望，当诱惑出现时，他们就很可能不会像现在这样宽容苹果了。

当三星新推出价格更低、体积更轻便的Galaxy Note 10.1时，"果粉"们认为它是手机与平板电脑的跨界之作，而且一经推出便得到他们的一致好评。有"果粉"说："举着一个10英寸大的iPad 2拍照，显得可笑，但拿5.3英寸Galaxy Note拍照，就没有这样的感觉。大小适中的尺寸，兼具电话和诸多平板电脑的特点。"这便是苹果粉丝流失的原因。

不走"小清新路线"，在商业领域，iPad却并非是必需品。Baird&Co的一项调查显示，"74%的现有或潜在平板用户认为现阶段依然离不开电脑，平板设备更多是作为一种'增量需求'"。

苹果式信仰难以延伸到35岁以上的消费者群体，至少难以支撑起足够庞大的人群。

Sky News金融板块编辑、苹果忠实粉丝兼《The Real Economy》一书作者Ed Conway就通过自己的三星设备以电子邮件的形式高调宣布他的"去苹果化宣言"。

Ed Conway在给库克的信中说，如今的苹果已经失去了往日的创新、大胆与桀骜不驯的态度，而是渐渐开始向传统科技公司的方向转变，甚至开始使用"计划性淘汰"这种"非苹果"的方法来吸引消费者的目光。"我如今已经厌倦了苹果的衰败以及库克的不作为，将义无反顾地投奔Android阵营。"

他的表态似乎在告诉人们，信仰也是一把双刃剑，来得坚决，去得也决绝。

Ed Conway的宣言好像也代表了一些"果粉"的心声："即便是我前往美国求学期间，我仍然愿意花费额外几百美元的代价来确保我不会离开自己的iPhone。此外，同其他所有苹果用户一样，我也成了苹果公司无数的'免费产品代言人和新闻公关'之一。我曾经花费数个小时来说服一位朋友购买iPhone，甚至曾经专门撰写了一篇博文来分析苹果为什么能够成为一家如此具备创新力的成功科技企业。"

他说自己和苹果已经建立了长达13年之久的感情，很小的时候就已经开始接触苹果的产品，而现在苹果生产的产品他几乎应有尽有。

但现在的他一再强调并如此告诉库克:"我已经同苹果划清了界线,并已经用我的iPhone置换了一部三星手机。"他还拿出"证据"来为自己的新决定寻求理论支撑,他说iOS 6操作系统"实在太烂了!"

他甚至"指责"库克:"自从2010年推出第一代iPad以来,在我印象中你还没有推出过任何一款足够出色的新品。Facetime在同Skype相比后,多少显得有些华而不实;iMessage令人厌烦,尤其是在重复发送消息的情况下;Siri不值一提;Safari浏览器远不及Chrome或者Firefox,其自带的'阅读器'功能也比不上Instapaper……"

非但如此,他说曾经的苹果桀骜不驯、反对主流文化的精神的缺失,让他的苹果信仰失去了寄托。他找不到合适的理由来坚持对苹果的忠诚。

或许,意见领袖更能清楚表达粉丝们的呼声,普通粉丝说苹果玩弄消费者可能不会引起关注,但Ed Conway却清晰地说出了自己的真实想法,他能够这样直面库克:"你曾向消费者解释称,使用全新接口可以使产品变得更轻、更薄,但我并不接受这一理由。我觉得你这样做的真正目的在于进一步缩短产品的生命周期,即'计划性淘汰',因为你清楚地知道,产品的生命周期越短,消费者便会购买更多的苹果设备。"

这样看起来,更像一个"批斗会",不过既然能够如此细致地"数落"苹果的"不足",也可见这是一位真正的粉丝,或许他对苹果的"不思进取"早已厌倦,他说"所有在iPhone上能做的事情,Android平台同样可以做到"。

当"果粉"趋于老龄化、诱惑越来越多时,"果粉"们可能会越来越多地出现"信仰危机",或许苹果再不能不重视粉丝们的心理变化,毕竟,这是它的传统优势阵地,如果被人占去,后果不堪设想。

6. 拒央视记者

主流媒体尤其是有官方背景的媒体所能起到的作用是，它可以持续吸引人们的注意力，并通过放大或渲染而让其所倡导的意图成为一种事实。毫无疑问，它会改变人们的看法。

对苹果来说，它毕竟是个在疯狂捞金的"外来客"，低调才是其应该持有的秉性，敢和央视"对抗"或许并不是件好事。

"这是我们苹果的地方""又是央视，上次不是你们来过了吗？"苹果居高临下的工作人员不把央视记者放在眼里，再次向外界展示了其"桀骜不驯"的个性。

一向孤芳自赏、唯我独尊的苹果秉承了乔布斯的"叛逆"风格，只是这一次，可能选错了对象。

俗话说："好货不便宜，便宜没好货。"很多消费者因担心商品的质量问题，宁愿多花钱买名牌。可是，现在世界市值第一的苹果告诉我们：贵的也不一定都是好货。苹果手机因质量与服务问题而被推到了舆论的风口浪尖，曾经是智能手机高品质代名词的苹果这次好像要栽在自己的手里，正所谓"天作孽犹可恕，自作孽不可活"。

李化伟是北京某高校大学生，2012年年初他通过信用卡分期购买了一台iPhone 4，首期账单缴纳667元，剩余11期账单，每月还款417元。虽然每月

只需还400多元钱，但由于他尚无任何收入，也经常陷入"债务危机"，无奈之下只好去打工挣点外快。

不过李化伟后来很苦恼，倒不是因为月供的紧张，而是他费尽心机"供"出来的手机使用了不到半年时间，Home键就出现了问题，而且还经常死机。按照正常操作，双击Home键可以进入iPhone 4的多任务管理界面。但李化伟的手机Home键已经变得非常不灵敏，需要反复双击，才能偶尔进入多任务管理的界面。

李化伟随后将手机送去修理，苹果店修理人员告诉他Home键出现老化，反应灵敏度下降，需要更换，除此而外，售后方并没有给出更合理的说法。他非常不解，作为消费类电子产品，iPhone 4的Home键不应如此脆弱。

不得已李化伟最后只好花费了680元重新更换Home键。之后他忍不住将苹果投诉到"消协"部门。

李化伟只是一个个案。据中国消费者协会公布的数据显示，2012年各地消协组织共受理苹果公司产品投诉2170件，其中涉及售后服务的投诉占25.6%，高出家电全行业平均水平7个百分点。

一个企业无论如何精益求精，出现质量问题也在所难免，甚至售后服务不周到、小有瑕疵也不是什么不可能的事情，这些也都并非不可原谅的过错，关键在于对待这些问题的态度。

面对公众的质疑与意见，苹果公司显然没有坦诚相待，而是执意恪守傲慢，身为媒体"一哥"的央视难怪要"发飙"。其实这对苹果来讲只是一个警告，也是公关的良机，善待这个机会就有可能转"危"为"机"，否则只能是只"危"不"机"。所以后来会引发包括《人民日报》在内的诸多一线媒体的轮番"口诛笔伐"，如此大动干戈地集体性地"削苹果"也实属罕见，看来苹果真的"摊上大事儿了"。

第四章 "苹果式"营销与危机

继"3·15"事件之后，苹果公司原本表示被曝光后的第一个工作日中午12点给予回复，但众多记者等待1个多小时后，却被告知安排"取消"。公然爽约，看来苹果并没有表现出一个国际企业所应有的诚意。

据央视的报道，截止到发稿的时间，记者依然没有接到苹果公司的任何答复。苹果如此和媒体"躲猫猫"，让事件本身看起来已经不那么重要，它所引起的猜疑及公信力难免会降低公司的形象，令苹果光环淡化。

苹果方面坚称，如果没有提前预约，是不可以采访的，但记者根据常规或许并不是贸然"闯入"苹果"禁区"，有记者说已提前一天将采访提纲发到苹果的邮箱，也按照公司提供的电话号码做了采访留言，但是没有得到任何回复。

媒体是否预约暂且不说，既然放央视记者的"鸽子"，苹果一定是关闭了一扇同公众沟通的大门，在这个节骨眼上，公司"雾里看花"式的公关未必是良策。

"以前也有死不道歉的企业，但最后都架不住这样高规格高密度的媒体轰炸，老老实实投降。"某大型外资企业公关总监张禹彤说，"据我所知，从去年开始，就基本上见不到这种死硬分子了。好多企业都是事先准备好各种不同类型的道歉稿，一旦被曝光，马上道歉。"

被央视"3·15"晚会点名并不是什么值得炫耀的事情，张禹彤说，被曝光的企业往往都是快速回应，快则数十分钟，慢则数小时，大都会在当天发布声明。

初任职时，她就开始着手准备"道歉预案"了，内容一般包括可能曝光的问题。面对央视，他们更是不敢有丝毫的大意，线上和线下的公关都做得相当到位。张禹彤说："这是一场公关的盛宴，也是企业和企业之间、企业和媒体之间的博弈。没有任何消息会没有来由地传到你耳朵里，懂事的就知道怎么做了。"

在张总监看来，苹果的做法好像有些不是太"懂事"，就公关意义

苹果，到底能走多远

上讲，在线下有很多寻租空间，线上的反应一定要及时。

苹果的员工说，这是苹果的地方。言外之意，在苹果的地盘就必须听苹果的，不管你是谁，"苹果"是一家商业公司，没有义务一定要接受采访。这单纯在理或许是讲得通的，但想一想，苹果是在中国的地盘，又有什么理由不听中国的呢？

苹果打造了独一无二的手机性能和卓越的生态链以及苹果手机用户们的个人体验造就了苹果的法宝，但如果苹果自恃以此为资本而坚持自我的"清高"，未免有点"犯众怒"之嫌。

俗话说，登山要懂山性，游泳要懂水性。出来做生意的，自然要懂人性。某大腕只是坊间传闻与央视不和，便出来极力否认："我能跟央视不和吗？我一个个体，怎么能和中央电视台抵抗，这不开玩笑吗？"

自大虽然在短期内不会对企业造成致命伤，但一定会令其无视危机。

对于"不请自来"的央视，作为商业公司的"苹果"尽管有权说"不"，但注意力就是事实，主流媒体尤其是有官方背景的媒体所能起到的作用是，它可以持续吸引人们的注意力，并通过放大或渲染而让其所倡导的意图成为一种事实。毫无疑问，它会改变人们的看法。

7. 企业更需要"软功夫"

> 没有"软功夫"的苹果只是"一款手机"或"一部平板电脑",而不是苹果文化的延续。

对苹果来说,它毕竟是个在疯狂捞金的"外来客",低调才是其应该持有的秉性,敢和央视"对抗"或许并不是件好事。

当年在全世界拥有最大市场份额的诺基亚,面对苹果、HTC的崛起,却显得一筹莫展,其智能手机的市场份额被快速蚕食。如果游走于低端市场,诺基亚依靠它的品牌影响力,依然能够"东山再起"。

不过,苹果有一项优势,是诺基亚永远也难以胜过的,如果5000元的苹果手机利润大概是3000元,而诺基亚若推出价格200元的手机利润大概是30元,需要卖掉100台手机才相当于苹果卖一部手机的利润。而且,诺基亚在零售端卖掉100台手机所付出的人力、库存、推广、物流等成本一定远远高于苹果。这是一个并不划算的恶性循环。

作为一个曾经独领风骚的科技公司,同今天的苹果一样,拥有大量的创新产品,但如今却江河日下,如果还能重来,必须得重整河山。

曾经,有一家对外界漠不关心的公司,凭着硬功夫,几乎用Walkman重新发明了音乐手机,但结果没能避开苹果iPod的威胁。让人想不到的是,历史再度上演,诺基亚在智能手机市场上的败局与索

尼当年的情形如出一辙。

而同样对外界漠不关心的苹果，似乎正在成为第三个跌倒者，尽管前两个倒下的前辈是因它的崛起而淡出媒体的焦点。

苹果的"僵硬化"，尤其是在处理公关危机的问题上，所表现出来的呆板广为外界所诟病，但苹果似乎"死不悔改"，如今它又扩大了施展其"硬功夫"的范围——它的老家美国。在美国，有一家一直不销售iPhone的运营商，现在与苹果公司达成协议，在2013年4月12日投放市场，同款iPhone便宜100美元，便宜标价99.99美元，两年期合同。

在美国市场上，同款iPhone价格可能比其他国家市场上相对便宜，但一定比其他品牌的手机昂贵。不过，如果翻开美国市场上苹果的售后条款，带给人们的同样是一种僵硬和生冷。

针对美国市场，苹果公司有一份最新版英文"硬件保修条例"，从2012年9月12日生效至今，其开头这样写道："重要事项：使用你所拥有iPhone、iPad或者iPod产品，意味着你同意接受苹果为期一年有限保修条款制约。"

保修条例第二段声明："阅读保修条款前，切勿使用你拥有的产品。如果你不同意接受保修条款，切勿使用产品，而应在苹果退货政策所述退货期限内向你购买产品的苹果所拥有零售店或者（苹果）授权分销商退货，以获得退款。"

紧接着，后续条款列出不予保修的一系列部件和情形，包括消耗部件，如电池或起保护作用的表面涂层；外观损伤，含划痕、凹陷和接口塑料件；事故、滥用、误用、接触液体、火烧、地震或者其他外部原因；苹果产品上序列号遭到清除或者打磨……

看内容，给人感觉和在中国的情形并无二致，通篇充斥着"客气"的强硬风格。依照条例规定，保修期内，苹果公司没有义务向用户提供新产品，没有义务更换电池和外壳等外观部件或组件。这不禁令人倒吸一口冷气。不过据为数极少的保修期内送修的用户所说,在美国,苹果公司确实会立即提供新iPhone,但不保证是全新机,大概所谓的整机更换可能包括更换"翻新"机或者"返修"机给用户。

不厌其烦寻求法律保护是苹果的一贯做法,除了控告三星这样的竞争对手,苹果还通过内容庞大的"硬件保修条例"来为自己"维权",它对自己的消费者同样充满不信任。

这家无任何军工背景的电子企业非常崇尚中国的"防人之心不可无"的文化精神,凡事"保密",谈及新设想和新产品被认为是违规动作,更不喜欢有外人进入内部参观访问,但在涉及自身利益的问题上却表现得极为强势。

应对来自外界的"杂音",苹果一如既往地坚持强硬风格,但其内在却并不是一个稳定的整体。

随着乔布斯的离世,一批高尖人才离开苹果,对苹果来讲,那一定是个大损失,但现在,它似乎又迎来了第二批"离职潮",令一向以能够留住人才而自居的苹果公司措手不及。

许多创业公司表示,他们收到不少苹果员工的简历,而来自职业社交网站的数据显示,仅2013年上半年,就已有多名员工从苹果离职,这一定令库克感到很"头疼"。公司内部冲突加剧、乔布斯时代的创新力的缺失,都可能是造成员工离职的原因。从某种意义上讲,"硬苹果"缺少"软功夫",正是企业软件上的"空壳化"才会令苹果变得更加"敏感"。

在科技企业中,尽管苹果公司给出的薪酬并非是最高的,但很多科技人才都愿意在苹果公司工作,而苹果公司也一直以员工的低流失率而著称,并一度成为业界典范。

投资银行RBC Capital的研究报告显示,由于iPhone销量下降,苹果

没有完成预定的业绩目标。同时,RBC将苹果目标价从600美元降至550美元,而自从苹果发布iPhone 5之后,就不断有投资银行对苹果股价进行调低。

在接连遭遇股价大跌的背景下,苹果又面临人才流失,苹果公司员工和高管之间的不满不断蔓延,却仍然不影响其"强硬Style"。

风投资本家们通过研究苹果员工的求职简历,并和部分求职员工交流后发现,包括思科、Google、微软、惠普等科技公司更高的薪水和苹果的"企业文化正在缓慢改变"是造成这些员工希望离开苹果公司的主要原因。资深苹果分析师约翰·格鲁伯就指出,"人才挽留已成为苹果所面临的最大单个问题,而当时几乎所有人都没有对此予以重视"。

乔布斯带领下的苹果以iPhone、iPad两大产品彻底打乱了全球电子产品市场原有格局,在员工心中缔造了苹果式传奇,他们认为那正是苹果的"优势价值",所以他们愿意维持对公司的归属感和认同感。

事实上,库克时代的苹果不应该再如此强硬,不应该再以一个"冷面先生"的形象面对公众,如果以前的实力不再有的话,就应该培养新的软实力,通过"软功夫"来树立自己的"亲民形象"。

在3G终端营销中,当许多品牌商家在努力提高市场适应力时,只有乔布斯在做市场势能,通过搞限量版和引入奢侈品的概念,他开创了苹果式的巅"疯"品牌以及让科技服务于用户的发展模式、价值理念和消费方式,这些符号化的"苹果文化色彩"能够满足消费者追求时尚的心理,是乔布斯时代的"软功夫"。

没有"软功夫"的苹果只是"一款手机"或"一部平板电脑",而不是苹果文化的延续。

不过,在创新领域,"没有最好,只有更好",面对日趋激烈的市场竞争,在这一层面上,苹果不可能永远在科技创新上扮演着王者的角色，三星在某些细分领域超越苹果就是一个鲜明的例子。其实任何品牌都不可能寄希望于科技创新而获得永久垄断，而只有"软功夫"才是持久的良药。

苹果若要继续保住其市场的龙头宝座，就必须侧重于"软功夫"的延续及开发，不但在产品上继续保持苹果特色，而且在对外界的态度上也应体现出新风格，通过"理直气柔"来赢得大众的支持和即将离开的粉丝与员工的青睐，否则就有可能失去其市场本该拥有的抗衡能力。

"软功夫"是一个企业的核心，它对企业有着潜移默化的影响，对企业的具体执行速度、方式等起着决定性的引导，甚至它决定着企业品牌的生存和发展，也是连接企业过去、现在和未来的无形纽带。

企业如果缺乏"软功夫"，再好的硬件，再卓越的创新能力、研发能力、生产能力、营销能力，都不过是一盘无法凝聚的散沙，如果这些要素不能形成核心生存力和核心竞争力，那么企业之前所有的积累就有可能功亏一篑。

苹果虽然目前还拥有完善的企业"软功夫"系统，但缺失的是对这个系统的经营与提升。

如果要继续领跑市场，让企业保持竞争力和长效发展，避免成为第二个诺基亚，苹果就必须把"软功夫"当做命脉和灵魂，聚合文化、品牌、技术、团队凝聚力等因素，帮助粉丝们和员工们建立一个新的强大愿景，柔和化解各种危机。唯有如此，才能开创新的局面。

第五章　竞争格局今非昔比

在如今的智能终端领域内，俨然形成了苹果、三星、Google与"第二军团"的格局，在智能移动终端，苹果的优势正在被"完美跟随者"三星逐渐蚕食，Google紧随其后，苹果缔造的神话似乎正在被新的竞争格局所打破。

1. "宿敌"三星

为了击败三星,苹果可谓苦心孤诣,尽管库克曾公开宣称:"我向来讨厌打官司,而且会继续讨厌下去。"但实际上为了"拿下"三星,库克甚至责成负责苹果对三星电子诉讼案的美国两家律师事务所新增聘用73名韩裔美国律师及20名懂韩文的文件审阅员,以帮助苹果在诉讼中取得有利地位。

凭借"大而全"战略迅速让市场认可的三星,成为Android系当之无愧的老大,Google因此而不敢偏爱它的嫡亲摩托罗拉,这也是被业界认为是摩托罗拉手机被Google收购之后没有任何优异表现的原因之一。

而在与三星的"白刃战"中,苹果元气大伤。作为一个正在崛起的新兴霸主,三星曾采用"第二"战略,牢牢锁定苹果。研究公司Gartner Inc.的报告显示,三星电子在手机市场的占有率持续攀升,保住了市场领先地位,随着它的市场占有率进一步上升,已经扩大了对竞争对手的领先优势。

作为三星重磅机型的GALAXY SII,乍一推出,全球预订量即突破300万,气势直逼当年的苹果iPhone 4。强悍的硬件配置,Exynos双核处理器芯片、1GB运行内存、Super AMOLED Plus显示屏等完美组合,短短半年内在全球的销量超过1000万台,三星一举超过苹果成为全球第一大智能手机商,三星GALAXY SII手机在2011年大放异彩。

自身完善的制造体系成为三星重创苹果的利器，GALAXY SⅡ由内到外的核心硬件均自行研发制造，运行内存、存储介质等方面三星也严格掌控。这一切表明：三星在推出了貌似iPhone的智能手机产品后，出货量增速迅猛，对苹果的威胁与日俱增。

除了前面所分析的情况，多项数据显示，苹果正在失去它的"大比分"优势，在西欧市场，三星以领先的市场份额位居智能手机份额首位，并保持超高的增长率。2011年6月，三星投入了4700万美元兴建4.5代厂，大量生产厚度薄至0.3厘米的液晶显示屏AMOLED面板，主要用于超薄智能手机。

如今是苹果公司终端消费市场中最大竞争对手的三星，在与苹果合作的"蜜月期"曾经向苹果提供了大量的订单，苹果的iPhone和iPad所使用的芯片以前也大部分由三星制造。而苹果也曾经是三星的大客户，仅2010年一年，它就向三星采购了价值57亿美元的配件——整个三星业务中最赚钱的部分，一年以后的2011年，这一数字增长到78亿美元，2012年则达到了110亿美元。

正是在三星的帮助下，苹果才于2005年推出超轻薄MP3播放机iPod Nano，当时三星高层建议乔布斯"以破格价格提供闪存片"，乔布斯欣然接受，以竞争公司产品的半价推出iPod Nano，于是就有了包揽MP3播放器市场的完美结局。

2011年10月，三星电子会长李健熙之子李在镕的一段话揭示了这两家巨头公司曾经的"温情"。他在参加乔布斯的追思活动时说，他本人在遇到困难的时候，乔布斯曾最先打电话来安慰。2005年，这两家公司曾有一笔大单交易，两人当时关系迅速拉近，甚至在家共进晚餐。此前有报道称，李在镕每年都会探访苹果总部一两次，乔布斯还通过拆解iPhone为其讲解智能手机的工作原理。

不过，三星在那个时候已经成为苹果的"威胁"。在iPad产品中，核心配件处理器、闪存、DRAM内存等成本合计占比超过了三分之一，

苹果，
到底能走多远

而这部分技术均在三星的垄断之下，这就是苹果供应链的"短板"。所以，正是考虑到威胁和可能存在的风险，苹果不想让自己的供应链被三星绑架，它最先采用的策略是设法减少对三星电子的DRAM内存和NAND闪存模块的依赖，并把适量订单转移到日本东芝和尔必达两家厂商那里。

由于三星率先推出了或可与苹果iPad叫板的平板电脑——Galaxy Tab，在智能手机领域也"叫板"苹果，这家全球最大的科技公司得到的是昔日伙伴的愤怒，把它告上法庭似乎是一种必然。

主场得利之后，苹果在欧洲、澳大利亚继续狙击三星，以专利战阻挠对手的竞争产品上市，令三星不得不改变销售计划，苹果获得阶段性、局部性狙击胜利。不过，澳大利亚高等法院后来推翻本国法院对三星Galaxy Tab 10.1发出的临时禁制令，驳回苹果对三星的禁售令上诉，三星Galaxy 10.1平板计算机得以全面登陆澳大利亚。

为了击败三星，苹果可谓苦心孤诣，尽管库克曾公开宣称："我向来讨厌打官司，而且会继续讨厌下去。"但实际上为了"拿下"三星，库克甚至责成负责苹果对三星电子诉讼案的美国两家律师事务所新增聘用73名韩裔美国律师及20名懂韩文的文件审阅员，以帮助苹果在诉讼中取得有利地位。

可见苹果对于来自三星的威胁恐惧到了何种程度。

三星在自己的地盘上继续耕作。在智能手机的主要市场增长点的亚太地区，深谙中国消费者心理及习惯的三星可谓占尽天时地利人和，正是凭着对市场理解有着先发优势，其推出的产品大多迎合了亚太消费者的"口味"，然后利用在智能手机操作系统市场中具有绝对压倒性优势的Android系统，三星拥有了与苹果相抗衡的资本。

界面创新是苹果产品的传统优势，但在Galaxy S4手机中，通过手势控制和眼球追踪，在等下一代操作界面上三星却已经抢先一步。这一招令苹果陷入了被动局面。以"苹果式"创新的策略，三星推出令人目不暇接的新功能，苹果又一次感到对抗乏术。

三星虽然败诉，并被处以10亿美元的赔偿金，但这个令人尊敬而生畏的韩国对手用它所拥有的核心技术以及不屈不挠的精神与气势，尽可能释放出潜在能量，从曾经的跟随者，经过短短几年的时间，已成长为一家让苹果感到坐立不安的电子产品制造商。

Booz&Co高级合伙人Barry Jaruzelski对三星赞叹有加："一个市场的观察者也是典型的快速跟随者。"尽管因涉嫌模仿苹果外观设计而在法庭上吃了败仗，但是，三星借此策略也出尽了风头，三星Galaxy S3超越iPhone 4S而成为全球最畅销智能手机，足以抵消诉讼不利所带来的负面影响。

如果用心观察的话，我们不难发现，人手一部苹果的情况似乎越来越少了，而周围人们手里拿得最多的手机，不再是iPhone 4S，而是三星Galaxy S3。美国知名市场研究公司Strategy Analytics发布的数据显示，2012年三星在中国共售出了3006万部智能机，这个数字大概占了17.7%中国市场份额，是2011年的3倍左右，而2013年在全球的出货量将达2.9亿部，稳稳占据了全球智能手机33%的市场份额。

2013年3月14日，三星纽约推出新款旗舰智能手机Galaxy S4，当天A股相关概念股走势强劲。

三星的产业链普遍被投资者看好，有知名投资机构的负责人表示："非常看好A股中的三星产业链概念股。三星产业链是全球最为完善的产业链，连苹果的一些硬件也需从三星旗下采购。凭借其强大的产业链，三星在市场上显得更为灵活，利润空间的伸缩范围也有所扩大。随着产品热销，产业链上的A股公司也有望获益。"

> 更有投资者如此评价三星："投资永远投在18岁，不要投在48岁。苹果固然好，可是已经48岁，而三星是18岁。"

苹果，到底能走多远

大尺寸、多功能、成功的营销、满足用户不同的口味，是三星的策略，通过模仿，三星很快借鉴了苹果的长处，在这方面三星做得有过之而无不及，当它发现亚洲人偏爱于使用有画笔的设备时，三星就相应地推出了手机平板产品。

与苹果拥有大量的现金不同，三星更愿意把大量资金投入到研发与营销上，其研发费用占到其总营收的5.7%，远远高于苹果的2.8%。三星在美国申请的专利数量排名第二，仅次于IBM，单与Galaxy S4设备上新技术相关的技术专利就达到150项。

在宣传上公司也会给予资金上的大力支持，仅在美国市场，三星在2012年的广告预算就达到了4.01亿美元，比HTC还高出2亿美元，而苹果在这方面的开支则只有6800万美元。

钱花在哪里，成就就会在哪里，在这方面，苹果是比不上的。

三星借助其多元化且管理完善的零部件供应链，能够聚合芯片、零部件的生产优势，从而规避零部件生产延迟或者产能供应不足的风险，而苹果则相对依赖于外部合作伙伴。

有专家表示，"三星在分销方面拥有巨大优势，这家公司新款智能手机Galaxy S4所覆盖的运营商和国家数量要比苹果iPhone 5分别多36%和55%"。

在智能手机领域，三星正在成为市场上的主导者，而苹果所面临的市场格局也正在发生变化。

不过，随着三星的"一枝独大"，它也在丧失谦卑的态度，在遇到质量问题时，开始以"莫须有"的"罪名"让三星手机用户"背黑锅"。如果以"老子天下第一"的江湖大佬自居，三星的领头位置也难以保持太久。

其在中端市场的领导地位将被本土品牌夺走，就是对三星的一个小小提醒，由于三星缺乏iOS这样的差异化优势，同在Android操作系统，因此三星的"下行路线"所面临的竞争也将更加激烈。

2. 不甘心的诺基亚

如果诺基亚的经营策略足够灵活，在其他领域仍然会成为苹果的有力竞争对手，对于一个走过大弯路的公司来讲，吸取教训之后才可能会更理性和聪明。推出一款足以对抗iPhone的设备或许已经不再是埃洛普这位诺基亚150年历史上首位非芬兰籍CEO的历史使命。

正当业界因苹果iPhone 5缺乏突破性创新而再次兴起唱衰论时，诺基亚的股票却有了6.91%的涨幅。

人们把诺基亚WP8 Lumia 920无线充电等功能当做衡量iPhone 5的新基准，更有网友如此调侃，"看完iPhone 5发布会，就觉得诺基亚不会再死了"。

诺基亚的大名在手机界对很多用户来说依然如雷贯耳，在非智能手机时代，诺基亚"雄霸天下"，曾经统领民用手机半壁江山，在2008年还创下过4.68亿部的销量纪录，令摩托罗拉、三星、索尼爱立信等知名品牌望尘莫及。只是苹果iPhone的出现终结了它的辉煌。

正是因为没有及时意识到消费者的潜在需求，诺基亚忽略了创需式创新，从而导致在与苹果的竞争中败下阵来。不过诺基亚并没有因此而"歇菜"，而是始终不断地努力着，不断地寻找差距，吸取教训，积极"补课"，试图东山再起。它和软件巨头微软联姻，就是一种新的尝试。

诺基亚或许由此而踏上新的征程。

苹果，
到底能走多远

"瘦死的骆驼比马大"，诺基亚与苹果的较量，输在了市场销售上，但在业内专利方面，诺基亚遥遥领先于苹果，稳居龙头老大的位子，在过去的20年间，诺基亚在研发领域投入了约430亿欧元资金，在移动通信领域拥有着超过1000项的专利发明。

流畅的Windows Phone 7在操控体验上已经可以和苹果iOS相媲美，在此基础上，由芬兰知名设计师为诺基亚设计的Windows Phone 7 UI已广受用户好评。苹果很快就会发现，除了三星，又一个有实力的竞争对手正有备而来。

在专利诉讼上，苹果赢了三星，却败给了诺基亚。诺基亚向美国国际贸易委员会起诉苹果，声称苹果所有产品包括iPhone手机、iPod便携音乐播放器和电脑都侵犯了它的专利权。有业内专家表示，"诺基亚的第一次起诉更多只是向苹果示威，并施加一定的压力，真实的目的则是希望和苹果坐到谈判桌上商谈如何瓜分智能手机的市场"。但苹果公司显然不吃这一套，令纠纷升级。

结果苹果公司因此向诺基亚支付了多达6.08亿美元的一次性赔偿费用金，而后续专利费则为每季度1.376亿美元。

诺基亚CEO史蒂芬·埃洛普对此胸有成竹，他说："我们很高兴苹果公司成为诺基亚专利授权商队伍中的一员。此次的事件很好地展现了诺基亚在其领域内的专利领导地位，也使得我们能够在今后更加专注于移动通信领域的专利许可机会。"这表明，诺基亚在目前全球移动终端和移动通信技术方面依然坐着头把"金交椅"。

新的诺基亚Phi吸取了Lumia的设计元素，而Lumia 800则让诺基亚看到了一个宏伟蓝图，尽管微软Windows Phone 8并不支持Lumia 800等机型。但诺基亚跟随微软的"痴心不改"，并发布了旗舰手机Lumia 920，这款产品以优越的配置和功能令诺基亚看到Windows Phone的后续希望。

虽然和苹果相比，总体上仍然有一定差距，但在区域市场上诺基亚正在取得可喜进展。研究公司IDC数据显示，2013年第二季度，诺基亚在意大利的智能手机销量成长17%，超越苹果成为意大利智能手机第二大厂商，直逼三星。

市场研究公司IDC的2013年最新数据显示，诺基亚已经在芬兰本土的市场份额达到36%，超过三星成为第一品牌大户。从Lumia 520到Lumia 1020，2013年第二季度，诺基亚在芬兰扩大了Lumia手机上市产品系列，凭借产品线优势获得较高市场份额。

诺基亚在英国的销量也翻了一倍，欧洲市场似乎仍然对诺基亚情有独钟。

非对称竞争，诺基亚积极突围，在中东以及非洲市场等非苹果重点市场，诺基亚势头正旺。2013年《泰晤士报》最新"南非Top手机品牌"调查显示，在南非地区，诺基亚品牌指数为83.70，位于手机品牌排行榜第一名，远高于三星的指数。

AdDuplex就公布最新数据，Lumia 520在2013年7月份成为全球最受欢迎的WP智能手机。在功能机土打天下的亚非拉等第三世界国家中，功能机和Lumia系列智能机同时发力的诺基亚成为冠军，也似乎是情理之中的事情。

尽管份额和利润都在下滑，不过诺基亚手机业务尚在盈利，而其账面上的负数主要是由于诺基亚西门子的计提造成，要完成全球布局，诺基亚需要做的就是重新梳理其智能手机产品线，重新找回当年的自己。

诺基亚CEO史蒂芬·埃洛普给麾下的工程师们提出了一项高难度挑战：他站在房间的阴影中，让站在另一边的工程师们给他拍照，要求是拍出一张能够看出他手表时间的高清照片。结果，工程师们做到了。这就是诺基亚最新的智能手机Lumia 1020的一个场景。

在Android和iOS还占据优势的前提下，诺基亚Lumia智能手机比不

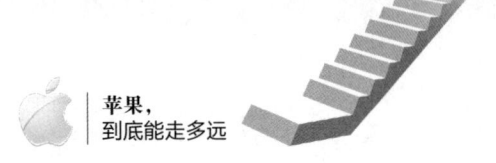

苹果，
到底能走多远

上三星和苹果，但Lumia 1020仍然是一种突破的尝试。

在Android和iOS合占93.2%市场份额的情况下，2010年入主诺基亚的埃洛普坚持锁定微软Windows Phone，尽管Windows Phone手机全球市场份额仅为3.3%，但他表示"我们专注于Windows Phone平台"。

由于三星在Android市场已经处于绝对统治地位，销量已占Android世界的80%，而在Windows Phone手机市场中诺基亚则占据87%的份额。诺基亚似乎别无选择，只能在Windows Phone市场继续耕耘，难怪埃洛普说"公司内部已经不再有相关的讨论，不再在这个问题上浪费时间"。

诺基亚有自己的战略步骤，诚如埃洛普所说："其中一个要评判的问题是，诺基亚如今相比两年前是不是有了更多的部署空间？我可以说答案是肯定的，因为我们拥有正走在正确方向的Lumia手机业务。"

不过，应当看到，市场格局再次发生变革，当前苹果、三星等公司正在研究智能手机之外的市场，智能手表、Google眼镜等新产品可能会构成新的竞争态势。

20世纪80年代，诺基亚发布了全球第一款手机——重约771克、昵称为"戈尔巴"的革命性产品，手机革命让诺基亚成为世界上最大的科技公司之一。但现在，时过境迁，再"逆袭"智能手机市场，诺基亚可谓"起了个大早，赶了个晚集"，错过了即将进入十年之久的井喷期，即将"雄起"的诺基亚却又走到了智能手机繁荣末期的"十字路口"。或许，对于现在的诺基亚来说，寻找下一个市场成长点才至关重要，尽管其手机业务正在缓慢推进。

有观察人士明确指出："我们已经到了智能手机周期的末期。现在已经不再有非常令人兴奋的产品出现了，市场需要全新产品的出现。"

对于才登陆Windows Phone平台不久的诺基亚而言，智能手机领域竞争日益白热化，微利时代的手机市场几乎在上演"零和游戏"，能够分到手的蛋糕已经不多。

不过诺基亚并非只有手机一张牌，其电信设备业务NSN已经蜕变成最有市场潜力的部门，埃洛普斥资17亿美元从合作伙伴西门子手中买断了NSN 50%的股权。更有知名分析家说，诺基亚公司的智能手机业务已经变得"毫无价值"，而价值50—80亿欧元的NSN才是它的重头戏。

在Android和iOS之间开拓出新的市场空间并不是容易的事，尽管运营商对Windows Phone寄予厚望。一位资深业界人士说，"如果诺基亚再次成为行业的重要一员，那当然很好。但在智能手机市场竞争已经变得非常困难。目前来看，我不认为他们会实现复苏。"

一名对诺基亚相当了解的银行家就直言不讳地指出："诺基亚是家务实的公司。我不认为他们觉得自己处于安全的处境。他们的状况确实在改善，但用户量太低。他们觉得，将设备业务剥离出去后，他们可以凭借NSN业务发展下去。"

为了避免付出不必要的代价，NSN或许正是诺基亚的未来所在。伯恩斯坦研究公司分析师Pierre Ferragu旗帜鲜明地指出："NSN是诺基亚的未来所在。他们的手机业务将会停止亏损，但功能手机业务利润微薄，智能手机业务规模太小，而NSN则是世界上的第二大无线设备提供商。……我们可以将它IPO（首次公开募股），可以将它交给我们的股东，我们还可以选择其他的选项。它也已变得更具战略意义。"

诺基亚也在进行新的探索，2013年8月，诺基亚与其他公司联合Facebook共同开展一个项目，用以帮助全球无法上网的用户接入互联网。

如果诺基亚的经营策略足够灵活，在其他领域仍然会成为苹果的有力竞争对手，对于一个走过大弯路的公司来讲，吸取教训之后才可能会更理性和聪明。推出一款足以对抗iPhone的设备或许已经不再是埃洛普这位诺基亚150年历史上首位非芬兰籍CEO的历史使命。

不过微软已经以72亿美元的价格收购了诺基亚设备和服务业务，微软时代的诺基亚或许会有新的布局。

3. 联想崛起

> 如果在其他方面都比竞争对手强的情况下,联想再扛起创新的大旗,那么留给苹果和三星的空间将变得更加有限。

高端市场已经饱和,苹果和三星是时候向中低端领域渗透了,但中国本土品牌正在"逆流而上"。进入2013年8月,在中国智能手机市场,联想已经超越了苹果,它正在通过一系列的销售策略,计划两年内在全球最大的智能手机市场超越三星。

设立零售店正是联想新战略的一部分,以一种与传统中国电子卖场截然不同的渠道提供联想的设备。联想中国区运营总裁陈旭东说:"我们想要让消费者轻松自由地玩弄我们的产品,这与苹果的做法非常相似。区别就在于,我们为消费者提供的产品选择更多。"

这同样是苹果的被动式,苹果给它的竞争对手们提供了太多的教材。追随苹果的销售策略,却至少推出10款IdeaPhone手机产品,聚合了749—3299元人民币之间的价格区间,联想一样不打无准备之仗。

联想的目标很明确:两年内超过三星的中国市场智能手机销量。实际上,在全球PC销量开始下滑的情况下,尽管联想已经跃居全球最大个人电脑厂商宝座,但它不希望自己的成功仅停留在个人电脑领域,而是要与更强的对手共享移动互联时代的蛋糕。

2012年，联想智能手机的销量比2011年增长了5倍，首次进入全球智能手机市场销量前五位，同时，联想平板电脑的销量也同比提升了2倍。

市场调研机构Gartner甚至预测联想将在2013年成为中国第一大智能手机制造商。

移动电子只是联想的新梦想中的一环，它有更全面的定位。

与诺基亚不同的是，联想有更具竞争力的产品线和产品品类，在类似于苹果的销售平台上，联想率先出售智能电视——苹果还处在概念中的产品。此外，传统笔记本电脑和6款平板电脑，令苹果几乎无所适从，而999元人民币的起价则涵盖了更广泛的市场份额。

在全球范围以ThinkPad笔记本著称的联想正在调整战略，为了适应消费者新的口味变化，不乏进军新的设备领域以弥补PC需求下降带来的不利影响。而开设门店，联想或许可以通过苹果式零售战略来扩大影响力，并借此提升品牌认知度。

不过，在这种此消彼长的竞争格局里，联想似乎还有很多路要走。

尽管联想超越了苹果，但实际上它的销售毛利润率只有苹果的25%，最近几年苹果的销售毛利润率平均为40.97%，而联想只有11.35%，而净利润就比苹果更低了，苹果的销售净利润率平均为22.82%，而同期联想则仅为1.38%，在这方面，联想还远远落在苹果后面。

根据研究机构Strategy Analytics给出的最新报告显示，"在利润上，2013年第一季度，苹果、三星两者合计瓜分了全球智能手机市场97.8%的利润，其中苹果占了57%，三星占了40.8%"。这个数据表明，至少在智能手机领域，联想与苹果、三星比起来，并不具备很强的竞争力。

有一项公开资料表明，移动设备占到联想营业收入的11%，这位PC帝国的领导者重点仍然不在手机产业。根据联想集团高层透露，联想进入手机市场几年以来，一直处于亏损的状态，直到2012年底才实现盈利，这似乎表明智能终端业务只是联想的"副业"。

苹果，到底能走多远

不过联想CEO杨元庆说："传统的PC终会变为一个过时的产品。"在2013年第一季度，PC行业销售额下降了14%，开创了有史以来最大降幅，如果PC是一个正在走向衰退的行业，那么在竞争依然加剧的情况下，市场整体利润空间将会越来越少，联想的转变或许更多的是侧重于战略方面的考量。

1994年，在世界PC巨头的围剿中，像长城这样的国内电脑品牌纷纷败退，而当时仅占全国市场约3%的联想却在逆境中异军突起，从E系列经济型电脑开始，步步为营。到1996年，通过优化物流、资金流、信息流资源配置，从而大幅度缩短产品库存时间，降低成本，联想获得了巨大的价格优势，同等配置的电脑还不到国外品牌的一半价格，市场份额迅速攀升。利用四次价格大战，市场占有率超过10%，成为中国大陆当之无愧的第一品牌。

联想的领先，是基于价格策略，而非苹果式的创新，所以它的品牌影响力不及苹果，而在智能手机和平板电脑等移动智能终端市场上，联想还只是个后来者，依靠微薄的盈利模式目前还不太容易撼动苹果的天下。

根据2013年第二季中国平板市场销量数据，苹果iPad以市场总出货量28%稳居第一名，第二名三星占11%，第三名联想占8%；不过苹果iPad销量正在大幅下跌，与2013年第一季度相比，跌幅居然高达50%左右。

Canalys的分析师James Wang说："联想的平板电脑业务正处于上升通道中，它在中国内地和拉丁美洲等市场的业务不断扩张，它在这些市场几乎没有遇到像Google或亚马逊那样的对手。平板电脑厂商打算用价格来跟苹果抢市场，苹果必须在下一代iPad上推出一些新的创新，否则它将难保持自己在PC市场上的领先地位。"

联想与苹果的较量虽然正取得相对优势，但创新能力相对不足是它需要突破的瓶颈，卓越的创新能力是苹果的产品能够领先于联想的保障，尽管通过收购IBM的PC业使联想的品牌竞争力得到提升。

所以，在目前的情况下，销售模式仍然是联想的传统优势："让大多数中国消费者能在50公里范围内找到一家联想店。"3万家联想代理店在一定程度上可以抵消创新能力相对不足和核心技术的缺乏所带来的不利局面，与苹果的单一高端产品战略比起来，联想的低利润高份额的商业模式可以帮助其商业神话得到延续。但联想显然不太想一直坚持这样的模式。

若干年以前，苹果发现它的经销商总没有苹果自有品牌专卖店做得好，所以就有了苹果专卖店。而联想亚太区总裁米尔科·范杜伊吉则说，"未来之战的胜负取决于零售店的争夺"。

效仿苹果，正是联想谋求破局的一种尝试。

市场研究公司JI Asia驻香港分析师吉恩—路易斯·拉法耶德尼指出，要实现投资回报，联想不仅仅要学习苹果零售战略中的实体经营。"苹果店的优势在于，直接接触消费者，并提供出色的售后服务。这对于获得忠诚的用户基础非常重要，建立品牌忠诚度需要一定的时间。"

那么诚如柳传志所说，"苹果正在丧失中国市场的巨大机遇，因为苹果并没有花太多时间为中国消费者提供服务并理解他们的需求"。更加了解中国市场的联想可能会"青出于蓝而胜于蓝"，它在吸收苹果精华的基础上，可能将会超越苹果。

我们也应该看到，联想并不是单纯从销售模式上发力，它在寻求整体市场格局的突围。联想的策略似乎更具有针对性，正如国外科技网站Business Insider撰稿人Dan Frommer等市场观察人士所预测的那样："Mac销售量……看起来已经永久性地达到了顶峰。"

苹果在Mac方面的优势正在减少，苹果绝对不会接受"以较低的价格来生产任何配得上该公司品牌的产品"；而联想则不同，它的策略更加具有灵活性，在保证同样质量的同时它愿意为消费者让渡更多的价格空间。再加上联想在中国市场上拥有排他性的经销商，如果再采用苹果的"大都市战略"，那么苹果的优势将会受到更大的挤压。

杨元庆说，联想开始彻底从PC（个人电脑）业务向"PC+"（包括个人电脑、平板电脑、智能手机、智能电视等业务，所有设备使用统一的操作系统）转型。同时，他还表示："联想的主要竞争对手已从惠普和戴尔这样的传统PC厂商，变成了苹果和三星这样的PC+厂商。"

联想的策略很有复合性特色。杨元庆说："别无选择地，我们的主要竞争对手已经从惠普和戴尔这样的传统PC厂商，变成了三星和苹果这样的更具创新精神，堪称伟大的PC+厂商……联想不是要做行动快速的跟随者，而是要瞄向差异化的蓝海市场。"

联想正在打一场"三位一体"的立体化战争，诚如杨元庆所说："行业增长点已经完全改变……联想将通过Yoga（联想360度翻转平板笔记本）、Horizon（联想智能桌面）等系列的创新产品开拓尚没有竞争的市场。"如果在其他方面都比竞争对手强的情况下，联想再扛起创新的大旗，那么留给苹果和三星的空间将变得更加有限。

业界对联想的转型战略也普遍持乐观态度，就像一位资深通信专家所说："与苹果、三星比起来，国产手机在产品创新、出货量、性价比等多个维度的差距已经不大，主要的差距在于品牌。联想对于市场增长点转变的判断很准确，向智能手机、平板电脑的战略重点转型，将有助于公司集中精力在这些产品上的品牌塑造。"

不光在中国市场上发力，联想有更大的目标，联想副总裁冯幸说，"联想在海外的进展还不错，第一波是进入十个国家，第二波是十五个国家"。而眼下，带有"lenovo"标志的电子产品已经走进发达国家的千家万户。

显然，联想的出现，令苹果所处的市场格局更加富有变数。

4. HTC "寻租"上行空间

> "我们正在改变HTC的文化。我们的文化一向奉行'闷声发大财'的心态,这意味着我们生产低调而优秀的产品。但是我们过去太低调了。现在,我们接受了一个观念,即我们需要成为一名挑战者。HTC要挑战两家大公司苹果和三星,而它们已经聚集了大量的资源。"
>
> ——杰森·麦肯齐,HTC全球销售总裁

市场调查机构集邦科技旗下的AVANTI针对HTC One做过一项市场调查,结果显示,约64.5%的HTC用户有意购买HTC One,比例高于AVANTI之前对三星Galaxy S4的调查数据,Galaxy S4的数据是58.4%。

用户群主要是24岁以下年轻人的HTC在中国已经进入智能手机第一阵营,在高端市场,与三星和苹果形成竞争态势,而在激烈的市场竞争中,它正在"寻租"属于自己的上行空间。

HTC有过辉煌的历史,作为曾经的国内智能手机第一品牌,无论在Windows Mobile还是Android平台,它都曾领先于目前全球第一大手机厂商三星,甚至在2011年一度成为美国市场的顶级品牌。

根据Gartner给出的数据,在Android家族,HTC在2011年达到了9.5%的全球市场占有率,但到2012年第四季度这一数据就滑到了1%,甚至跌出

苹果，到底能走多远

全球手机销售前10名。HTC画出的运行曲线相当具有传奇色彩。

以代工起家的HTC秉承品质、研发和创新的文化，在Windows Mobile手机上收获颇丰。凭着过硬的品质，于2006年确定发展自主品牌的HTC利用市场的洗牌期，成功地搭上了Android"早班车"，从而诞生了像Nexus One这样的经典产品，而其多年代工形成的技术积累又让它的手机销量一跃成为Android阵营老大。

早期的HTC一直视美国为最主要市场，2011年其美国的市场占有率一度超过50%，出货640万台，位居第一，远超当时三星的490万台和苹果的460万台。当年其净利润高达20亿美元，市值超过诺基亚，位居行业第三。

"树大招风"，HTC的卓越表现自然也成了苹果的"肉中钉，眼中刺"，从2010年3月开始，苹果在美国就已起诉HTC侵犯其专利，让"初出茅庐"又"缺乏斗争经验"的HTC感到无可适从。在连续遭遇禁售、专利官司、供应链问题之后，其自身存在的产品定位、硬件设计、核心专利积累等一系列问题也陆续显现出来。

苹果打了HTC一个措手不及，造成其销量骤减，利润也急速下滑，在2012年利润直接下滑70%。到2013，HTC的上半年利润只有0.44亿美元，其苦心经营的美国市场几近崩盘。

缺乏供应链、生态系统和管理优势的HTC在与苹果的较量中显然处于下风，被其"教训"之后的HTC才恍然大悟，并不得不转战中国大陆市场。

HTC董事长王雪红说，利润下降是创新的代价，因为HTC的手机有很多创新之处，"但这些创新很贵，会抬高手机的成本，导致利润降低。此外，中国大陆三家运营商都定制了渴望系列的产品，并且占有率很高，但今年就做得不好。在全球其他地方也是一样。HTC的高端手机在全球卖得很好，包括美国、中国大陆，市场排名均在前三名，但中端手机就做得不理想"。

对于有业界说HTC产品定位"高不成低不就"，王雪红看到了问题："去年（2012年），我们入门级产品做得很好，但是高端没有做好。今年（2013年），高端手机做得不错，但是入门级又没有做得那么好。我们接下来可以把高端机上的创新体验，带给这部分入门级消费者。"

王雪红说HTC会进一步加强产品规划："公司计划在未来几个月推出许多创新且有竞争力的中端产品，我们期待今年（2013年）第四季度能提升市占率。"

其实从2012年开始，HTC就缩减了机型数量，不过无论是HTC One还是Butterfly系列，都将目标锁定苹果iPhone和三星Galaxy旗舰产品，尽管与它们在品牌溢价方面存在差距。

当中国取代美国成为全球最大的智能手机市场，其中千元以下智能手机出货量超过50%时，HTC却主动放弃了这一价格市场，错失这一机遇的HTC市场份额很快退出国内10大品牌之列，出货量甚至不足联想手机的1/5。

HTC近年来在中国市场的品牌投放活动也与苹果形成鲜明对比。

HTC首席营销官何永生说："在中国三线之后的市场，很多消费者根本就不知道HTC这个品牌。"王雪红也深感不足："HTC目前最大的问题就是'不落地'，HTC的营销并没有真正让更多的消费者感受到、接触到。"

商场如战场，竞争是残酷的。王雪红说："苹果一直在讲全景拍照，三星在讲连拍，但这些都是我们先做出来的。"HTC被超越，多少有点"冤"。

因此，HTC在品牌营销方面也不得不"上心"，花费1200万美元聘

请"钢铁侠"的扮演者小罗伯特·唐尼出任新的产品代言人、投入10亿美元的广告预算就是一种强烈的搏击。

经济之声评论员王思远说，此前，HTC广告营销先是赞助欧洲冠军联赛，后重金签下五月天、王力宏等亚洲一线明星代言。"HTC看似简单激进的大手笔营销背后，可以看出这家企业对自身存在问题的诊断和心态：头顶'全球第一款彩色掌上电脑、第一款微软智能手机、第一款Android手机'等无数的光环荣誉，HTC自我诊断应该是：贵族血统，眼下困境主要在于营销力不够。甚至把广告品牌语从昔日'Quietly Brilliant'（低调而卓越）变成了'大胆、真实和有趣'。"

除了通过营销策略来扭转不利的局面，在产品线上，HTC也进行着新的尝试。HTC全球销售总裁杰森·麦肯齐就对HTC One非常看好，他说："我们把重心放在四个方面。第一是BlinkFeed，第二是音乐。这关乎人们的生活方式。越来越多的用户，尤其是年轻一代，甚至是13至21岁的孩子，使用自己的手机来听音乐。很多时候，当你看到青少年在车上，或者从初高中学校的大堂中走过时，他们就是用手机来外放音乐。现在，几乎所有的手机生产商都不怎么重视扬声器，而HTC One前置立体扬声器和功能强大的扩音器，另外还有Beats Audio音效技术——这就是BoomSound。"

在新的产品中，HTC"非常重视摄像体验"。杰森·麦肯齐说："我们抛弃了百万像素的效果，取而代之的是被我们称为终极像素（Ultra Pixel）的摄像头。与传统的百万像素级摄像头相比，它的每个像素点能多进300%的光线。"

王雪红对自己的产品赞赏有加："HTC的照相机，如果桌子下面有只猫，你用三星、苹果和HTC去照照看，HTC就连猫的毛都可以照得到。"

在HTC One中还渗透了体验价值，这也是杰森·麦肯齐所说的第四大优点："在美国，80%的电视观众会一边看电视一边摆弄手机，或把手机放在旁边。因此，Sense TV方便了电视节目提供商投放节目。用户可以像看电视一样实时收看节目，而且Sense TV会根据喜好向你推荐你可能感兴趣的节目。或者，你也可以筛选正在热播的电影。我们把红外功能整合到Sense TV里面，所以用户实质上就是在看电视。"

新产品或许正是HTC对品牌基调的落实，诚如杰森·麦肯齐所说："我们正在改变HTC的文化。我们的文化一向奉行'闷声发大财'的心态，这意味着我们生产低调而优秀的产品。但是我们过去太低调了。现在，我们接受了一个观念，即我们需要成为一名挑战者。HTC要挑战两家大公司苹果和三星，而它们已经聚集了大量的资源。"

如果如王雪红所说的那样，HTC已经触底并正在反弹，那么其在台湾地区的业绩或许是一个不错的注解。在国际权威市场调查机构GfK发布的最新报告中，HTC登顶2013年7月台湾市场份额和销售份额排行榜首，成为这个区域市场"金牌老大"。

根据消费品市场研究公司（GfK）发布的数据，HTC已超过40%的市场份额，自2013年4月以来，HTC就一直是该研究机构市场销售份额排行榜的"常客"，冠军纪录保持者从未被打破，更以23.9%的占有率超过22.4%的三星和4.3%的苹果。其中在Top 20机型榜单中，新HTC One（32GB版本）以5.2%的市场份额占据榜首。

而在该机构给出的WCDMA市场份额排行榜中，HTC以26.8%的市场份额排在首位，苹果则以5.0%的市场份额排在第五。

在中国大陆市场，当苹果手机正"被请下神坛"的时候，在高端智能手机领域，三星Galaxy S4、新HTC One以及诺基亚Lumia系列、索尼的Xperia系列等旗舰型产品对苹果形成围攻态势，正面对抗苹果的HTC也把"炮口"对准了三星Galaxy S4，其CEO周永明更是为此立下了"军令状"："New One 卖不赢S4就辞职"。

新HTC One或许正是HTC寻求上行空间的一块精心打造的"敲门砖"。

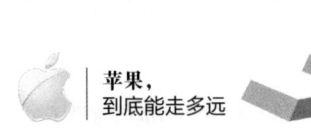

5. 华为"变身"

> "最棒的合作伙伴,华为将成为智能手机市场的一个大玩家"。
>
> ——查尔斯·邓斯,欧洲最大的移动电话零售商Carphone Warehouse集团创始人

在中国移动智能产品的市场格局中,不能不说到华为——其已成为智能手机市场上一股不可忽视的力量。注重创新、价格相对低廉已经成为华为手机的代名词,市场前景更是一片乐观,非洲科技网站甚至说华为或将成为下一个三星,"在未来十年的智能手机市场中独占鳌头"。

诺基亚的陨落是因为它只是做了无关紧要的细微升级,而类似的情况如今也出现在苹果身上:iPhone 5也只是在旧版本上做了细微的升级。尽管在"微时代"这是通常的做法,但同样是细微升级,不能保证败局就一定不会发生在苹果身上。

有人说,三星只是苹果的翻版,而华为又是三星的翻版。但华为显然走的是一条与众不同的路线,华为的产品是大众化的产品,尤其深受第三世界消费者的青睐。

据美国《华尔街日报》的报道,中国对苹果来说有着重要的战略意义,但苹果在与华为等中国本土品牌的争夺战中已经失利。为了扭转局面,苹果于2013年下半年在中国大陆新增加了数百个招聘职位。

华为的一些动作确实"威胁"到了苹果,其消费者业务集团CEO余承东在微博上的发言曾引发轰动。2013年3月,看了苹果新版iPad的发布会之后,余承东发微博表示:"华为最新的平板电脑MediaPad 10 FHD在硬件上已经全面赶超新版iPad。"他在另外一条微博中说华为"今年年底明年年初左右将推出一款比iPhone 5要强大很多的旗舰手机"。

华为似乎并非空喊口号。为了提升终端公司的人气,余承东在无线产品线的老部下王伟军被任命为华为终端公司中国区总裁。华为还将原来归属运营商BG的面向消费者的产品线剥离出来,与终端公司、互联网业务部合并在一起,组成了消费者BG,与运营商BG、企业BG并驾齐驱,CEO正是余承东。

非常明显,苹果已经被余承东锁定为自己的追赶目标。这位CEO对华为的未来充满信心,他说,华为手机在精品战略之下,试图以"颠覆"产品撼动世人。

华为此次"逆袭"将打破国内手机企业缺少高端品牌的态势,而智能手机市场格局或许因此而产生新的变化。华为为此更是提出了5年之内跻身该领域的全球前3名的宏伟目标。

2013年年初,在华为D2和Mate手机的发布会上,余承东拿起D2就摔向水泥地面,然后又用水冲手机,让在场的观众倒吸冷气。对用这样的方式来证明手机超高的制造工艺,余承东调侃道:"我对我们的产品有信心,我们要努力做全世界最好的手机。"

而在可记载的资料中,好像只有诺基亚以同样的方式来证明手机过硬的质量。

然而这只是华为旗舰机精品战略的一个缩影。

2013年3月21日,在中国电影博物馆,当余承东把华为Ascend Mate的价格定在"2688元"时,在场所有的人都惊呆了。

与iPhone 5相同的LTPS技术、目前全球最大屏幕手机、主流四核、

苹果，到底能走多远

华为充分释放了它的品牌势能，一次性到位的"低价"宣示了它的最大诚意。

难怪遥远的法国网络媒体"BFMTV.com"也"惊叹不已"：中国智能手机生产商华为欲与三星和苹果一争高下，推出了价格低于三星和苹果的高端智能手机。……华为凭借极具价格竞争力的高端智能机已开始了"世界征程"……华为已成为当今世界手机市场领军者的重要竞争对手。

法国人为华为呐喊助威：应忘掉关于中国人以及低价的陈词滥调，华为手机精心构思设计，提供舒适的屏幕，并设计了厚度仅为6毫米的全球最薄手机。

对于一直舍不得拉下身段的苹果来说，价格是华为的一大优势，由于其高端机的价格低于苹果或三星Galaxy系列手机太多，这将成为它在高端手机领域的取胜方法。

"机海战略"是国产品牌通常采用的策略，但此前并不擅长品牌和渠道的华为正试图进行变革。余承东说，"收缩产品数量、强化精品策略、提升产品的用户体验、提高盈利能力，以及加强对渠道的把控、打击乱价行为"。

华为的战略日渐明晰化："在核心产品层面，我们每年只会推几款重磅级手机，不会再'自己打自己'。……华为终端要做'长跑型'选手，当行业好的时候能多挣点钱，行业不好的时候也不至于亏损死掉。"从余承东的话语中透露出华为的淡定。

为了践行自己的目标，华为展现出了卓越的魄力，2012年华为终端曾废止了3000万部功能手机和低端智能机ODM业务，利润增加了80%，此举令华为成为在手机行业的跨国公司中2012年利润和收入都增长的三家手机厂家之一，另外两家则是三星和苹果。

面对全球新一轮的市场洗牌，华为的应对策略是："高端手机提高利润、中低端手机争取合理利润并保证出货量，不参与国内厂商的价格战,坚持精品战略,拉长产品的生命周期,促进销量,以及取得盈利。"

事实上,苹果和三星才是华为终端瞄准的两个目标。余承东也毫不忌讳地揭这两家的"短":"乔布斯之后,苹果的创新乏力。iPhone 5的屏幕太小,消费者越来越不满意……三星产品的塑料感太强,如果我们的材质比它好,但价格比它还低,不信我们卖不过它。"余承东强调,三星一部手机售价中广告费占去了14%—18%,在广告上过多的投入在一定程度上降低了三星的竞争优势。

相对于苹果的创新和生态链、三星的供应链整合和市场运作,华为要完成"变身"的确需要做很多功课,不过华为似乎早在准备,其Mate手机就得到了手机中国联盟秘书长王艳辉的认同,他甚至说:"iPhone 5和Galaxy Note2可以扔了。"

华为已经深深影响到了中国智能手机市场的格局,随着华为进入2012年中国智能手机市场年度份额排名榜前三名,在出货量上其已经击败苹果。

2013年6月18日,华为推出了Ascend P6,厚度仅为6.18毫米,被称为"史上最薄智能手机",外加500万像素的前置摄像头,但价格却相对低廉。

苹果、三星为了维持他们的市场份额和利润率而不得不让产品处于高位,但由于华为的核心业务是网络,因此在手机领域就少了类似于它们的顾虑,尤其是在新兴市场,将会成为智能手机新的增长点。欧洲最大的移动电话零售商Carphone Warehouse集团创始人查尔斯·邓斯通就一语中的地指出,华为是"最棒的合作伙伴,华为将成为智能手机市场的一个大玩家"。

苹果，到底能走多远

> 调查机构Canalys中国区调研总监Nicole Peng说："苹果只专注于高端市场，而目前中国智能手机市场增长趋势正逐渐从中端走向低端化。苹果在中低端市场没有任何产品，而华为等厂商却在这一市场逐渐打造用户品牌意识。"

华为等国产品牌之所以在中国智能机市场表现优秀，拥有超过60%的整体份额，一方面得益于中低端市场的态势，另一方面就是自身的创新。相对而言，苹果和三星的营销策略就显得呆板。

当手机竞争进入软件时代，硬件的比拼已经很难为品牌加分。华为整合了它的互联网部门，令其软件能力得到提升。华为高层认为Google Android原生操作系统偏工程师化、复杂化，所以华为就把用户不常用的功能隐藏起来，以简单易用来突出竞争优势，同时又维持强大的功能，从整体上给消费者一流的情感体验。

在渠道方面，华为和苏宁、迪信通、国美等KA零售商及天猫、京东商城、腾讯等互联网企业均结成了战略合作伙伴。余承东说："我们控制住了电商供货源头，电商没有那么高的渠道空间，就没有巨大的乱价空间。我们的电商渠道去年就已经赚钱了。"选择线上销售的最大好处是，可以降低渠道成本，把价格利益更多地让渡给消费者，从这方面也不难看出华为的用心独到，华为Mate能够制定出2688元的价格也是苹果所不能比的。

不难想象，在不远的将来，如果华为继续秉持这种务实风格，研发出更优秀的产品，就能通过精品战略所形成的口碑效应助推，走向新的高峰。

市场是充满变数的，像苹果这样"以不变应万变"的营销策略可能未必一直能赢下去，不可否认的是，谁能拿捏准未来的市场走向，谁就能在新的市场格局中取得成功。

6. 虎视眈眈的Android

Android系是一个可怕的联盟,它们甚至可以针对可能出现的下一代iPhone展开有目的性"围剿",魅族、三星、索尼、诺基亚等都"扎堆"召开发布会,"不约而同"地夹击苹果。

Android智能操作系统对摩托罗拉进行了精心扶植,帮助苹果制造了又一个竞争对手。

在智能手机操作系统中,Google的Android和苹果的iOS占据着超过90%的市场份额。不过苹果对Android的不满却是由来已久,如前文所讲,乔布斯甚至暗讽Android系统为剽窃之作。

市场调查公司Kantar WorldPanel ComTech 2013年9月初公布的智能手机数据显示,Android手机占据全球包括中国、美国、澳大利亚、英国、德国、法国等具有影响力的智能手机市场销售量的65%。而根据互联网数据中心(IDC)提供的资料,在2013年二季度全球出货的智能手机中,采用Android操作系统的手机占比79.3%,排名第一,排名第二的苹果iOS系统则只占13.2%,Android操作系统可谓遥遥领先。

作为一个以Linux为基础的半开放原始码作业系统,Android于2005年8月被Google收购。2007年11月,Google以Apache免费开源许可证的授权方式,发布了Android的源代码,让生产商推出搭载

苹果，
到底能走多远

Android的智能手机，Android作业系统后来更逐渐拓展到平板电脑及其他领域上，同时建立了一个由34家手机制造商、软件开发商、电信运营商以及芯片制造商共同组成的全球性联盟组织。

2008年8月，Android获得了美国联邦通信委员会（FCC）的批准，次年，谷歌正式推出了Android 1.5这款手机和搭载Android 1.6正式版的手机HTC Hero（G3）。到2011年8月，Android手机已占据全球智能机市场48%的份额，终结了塞班（Symbian）系统的霸主地位，并在亚太地区市场占据统治地位，正式登上全球第一的宝座。

Android领先于苹果iOS设备，不过在移动数据流量使用量方面苹果还拥有更大的优势，而且在平板方面，2013年iPad移动流量份额为70.1%，排名第二的三星Galaxy Tabs则为11.1%，苹果仍然保持绝对领先的优势。

尽管苹果在应用下载量方面仍然处在第一位，但随着更多的用户"投靠"Android阵营，苹果的应用数量可能面临着进一步被稀释的局面。同时，虽然苹果在iPhone上的利润率毫无悬念地超出了Android系统手机，不过如果苹果放弃发布新型低价iPhone以阻止顾客流失的话，那么在增长重心转向更为价格敏感的市场这个新型态势下，苹果必然会在利润份额上被Android系庞大的出货量打败。

面对虎视眈眈的Android，库克的处境相当棘手，因为苹果所赖以固守的阵地已经越来越少。在应用开发者和内容供应商在其移动平台上的盈利仍然是苹果的优势领域，开发者对iOS还保持着一定的忠诚度，用户体验则是用户在苹果产品升级换代时再度掏钱购买新品的理由。

越来越被挤压的出货量令库克手中的牌相形见绌，如果iOS的开发者们不再相信他能帮助苹果为他们打造一个更大的市场的话，那么他们对苹果的忠心可能被画上一个句号。对于苹果来讲，推出扩展iOS生态系统所需的低价iPhone是一个非常危险的动作，如果这样，苹果将不得不放弃整体利润率，甚至对高端产品的形象维护。

据美国移动分析公司Flurry的研究，中国消费者最依赖Android生态系统，而非依赖App Store的iPhone，因而Android和iOS在中国市场的比例达到了2∶1，苹果公司的市场渗透率仅为35%，其余均为Android。

中国的开发者们并不急于追逐iOS，在一个Android用户占据主导的市场中，他们没有理由不把重点放在Android上。

英国市场研究公司Enders Analysis分析师本尼迪克特·埃文斯说："由于缺乏低价iPhone，开发者对苹果公司的支持度可能降低……而开发者的决定正在逐渐对苹果公司构成威胁。开发者起初的模式是'先iPhone，可能Android'，现在变成了'先iPhone，后Android'，甚至'iPhone和Andorid同时发布'。Android今年（2013年）还没有成为第一选择，但对任何想要扩大触角的开发商而言，这都是必不可少的平台。如果Android的整体互动性远超iOS，iOS就难以保持领先地位——它会从首选或并列首选变成次选。"

苹果的战略再次显得有些呆板，苹果App Store对iPhone的推动作用正在被削弱，诚如本尼迪克特·埃文斯所说："倘若发生这种情况，那么'最好的应用吸引最好的用户，最好的用户反过来再吸引最好的应用'的良性循环就会开始瓦解，跨越各个价位的Andorid设备将会蚕食iPhone的用户基础。"

销量成为苹果的一个关键词，尤其是高端机型的销量。

如果在中国市场推出低价机型将在一定程度上提升苹果的竞争力，此举将会被视为捍卫苹果生态系统的一种努力，否则中国的开发者们必然会凭借Android应用进一步控制本土市场，从而让Android系统手机抢走更多的市场。

最可怕的是，这一现象可能在其他国家市场得到复制。不过目前还

没迹象表明，苹果会考虑转变自己的经营策略，库克好像不会为了保护应用生态系统而放弃高端路线。

很明显的态势是，如果苹果不能扭转利润率不断下滑的劣势，那么更大份额的总体利润将由Android系夺走。

在平板电脑市场，尽管目前全球平板电脑市场中苹果iPad仍旧占有垄断性优势，但是Android系平板电脑正通过进军高端平板电脑市场以刺激生态系统，并在应用、用户体验等硬件配置以及服务等软性内容上整合发力，全力提升性价比，缩小与iPad之间的距离。

以亚马逊Kindle Fire、华硕/Google的Nexus 7为代表的Android产品就在价格上向苹果发起了进攻，以不到200美元的低价攻击iPad，三星则推出一系列产品从另一角度掠夺苹果的市场份额。

在人们可以接受的价位上，Android平板电脑成功开拓了更大的市场空间，从低端产品到高端产品，Android系均"卡"好了自己的市场地位。

全球知名调研公司IDC的数据显示："2013年第一季度全球平板电脑出货量为4920万台，虽略低于2012第四季度5250万台的水平，但年增长率呈上升趋势。其中，苹果iPad出货量继续排位第一，但市场占有率下滑至39.6%；三星位居第二，市场占有率升至17.9%。"此外，华硕出货量也有所上升，这表明Android系在出货量上正逐渐缩小与苹果之间的差距。

在中国市场上，国际数据公司的报告显示，苹果公司2013年第二季度向中国输送了148万台iPad，占平板电脑市场的28%，比2012年的49%出现了明显下滑。而与此同时，三星公司输送的装有Android系统的设备数量却翻了两番。

国际数据公司的分析师说："大多数使用Android系统的制造商正

凭借巨大的价格优势变得强势起来。三星、联想、华硕和宏碁正在提供更具竞争力（在全国范围内销售）的产品。与此同时，通过使用智能手机，消费者对Android系统也熟悉起来。"

的确，搭载Android系统的设备和中国国产品牌凭借价格优势和功能优势正在完成对苹果的"铁壁合围"，随着零部件价格的下降和行业的透明化，苹果iPad和iPhone都会被视作价格霸王，而不再是品牌和创新的代名词。

由于没有在第一时间与全球第一大移动运营商——中国移动建立合作关系，尽管库克在北京之行中会见了中国移动的首席执行官，但并没有达成任何协议，因而中国用户对iPhone的追捧热度正在降低。

苹果错失了重要的时机，其实当iPhone 4还是世界上最热门的手机的时候，它就应该积极与中国移动接洽，那个时候的苹果或许拥有更大的优势与中国移动谈成对自己非常有利的合约，但如今这样的机会被顶级的Android手机抢走了，除非苹果克服"微创新"，推出更富有革命性的产品来挽回局面。

"祸不单行"，苹果为了严格控制权益金而把授权厂商削减到60多家，这样致使一些企业无法申请到苹果的授权认证，不得不将目光转向了三星、华为等热门手机配件市场。另外，随着iPad和iPhone的销量下跌，配件商们也自觉"投靠"热门手机品牌，他们普遍认为"只专注苹果太危险"。于是乎，稳固多年的苹果配件生态链也开始亮起了红灯。

Android系是一个可怕的联盟，它们甚至可以针对可能出现的下一代iPhone展开有目的性"围剿"，魅族、三星、索尼、诺基亚等都"扎堆"召开发布会，"不约而同"地夹击苹果。

有业内"发烧友"给出这样一组数据：2013年，Android每卖出6部手机，iPhone才卖出1部，而2012年，Android与iPhone手机的销售比例

是4∶1，Android系的销量同比增加了50%。

Android目前全球累积出货量是iOS的2倍，但iOS的下载用户约是Android用户的2倍左右；另一方面，根据App Annie的统计，App Store的营业额约是Google Play的2.3倍，即每个iOS用户的消费Apps能力大约是Android用户的4.6倍。

所以当Android与iOS的出货数量达到4.6∶1时，苹果还略有胜算，因为苹果走的是"金字塔"战略，占取利润率优势，但当新机出货比率达到6倍时，就意味着苹果有一定数量的"金字塔用户"被三星等高端Android手机挖走了，这对苹果来讲，是一种革命性的"撬动"。

如果双方的App总营业额继续发生逆转，那么苹果将难以吸引优质App开发商，接下来可能发生的情况是：App Store失去品质优势。再接下来就是苹果帝国的衰落。

7. 国产品牌集体"逆袭"

Canalys调查数据显示,2013年第二季度,全球智能手机出货量约为2.381亿部,同比增长50%,全球手机销量前10名的厂商中,有4家是中国品牌。

在国内,尽管三星公司和苹果公司依然是智能电子市场的领先者,但它们的市场份额都较之前有所下降。而摩托罗拉正在大失元气,诺基亚被微软收购,技术门槛下降,苹果创新乏力,加之国产品牌的奋起直追,无论从硬件还是软件上都缩短了与一线洋品牌之间的距离,品牌形象得到很大提升,国产品牌目前处于最好的市场环境中。

二三线洋品牌已经完全被国产品牌取代。2012年摩托罗拉与LG均大幅裁员,其中摩托罗拉移动中国区将近万人裁至最后200人,而黑莓和夏普在中国市场几近绝迹,同样也是因为创新不足而遭到用户"抛弃",中低端市场成了本土品牌集体崛起的平台。

从2010年开始,国产智能手机历经了残酷的洗牌和蜕变,大浪淘沙之后,有技术研发和持续创新能力的品牌逐渐脱颖而出,破历史纪录地拿下国内市场60%的份额。

越来越大的可能性是,苹果因放弃开发廉价版iPhone而错失了在新兴市场上的成长机会。苹果公司营销主管菲尔·席勒说:"尽管廉价智能手机确实广受欢迎,但是这并不是苹果产品未来的发展方

向。"这意味着,在未来的格局中,面对中低端市场的苹果产品不会诞生。苹果不情愿走下行路线,这在一定程度上减轻了国产品牌进军上行空间的压力和阻力,将继续领跑这部分市场。

苹果的优势更多集中在手机的外观及一些创新设计上,而在"手机、操作系统、应用"这个大生态圈中稍显薄弱。iPhone业务为苹果公司贡献了接近50%的营业收入,正是iPhone系列的走俏,使苹果成为全球最具价值的公司,不过在"国进洋退"这个新的形态下,iPhone已经显得越来越过时了。

乔布斯的成功,是因为他引领了一次又一次用户体验上的颠覆性变革,如果国产手机也一样能带给用户前所未有的使用感受,从而让智能生活品质升级,那么智能终端将会吸引更多忠实的粉丝诞生在国产品牌的名下。

国产品牌不会甘心仅仅游走于低端领域,像华为这样的国产智能手机通过精品战略就对洋品牌形成了巨大冲击,而年度高端精品华为P6的持续热卖,则充分说明国产智能手机对传统洋品牌的"逆袭战"大有希望。

华为终端从B2B向B2C转型就是一次非常有益的突破与尝试。

国产品牌手机和国内消费者一样,都走过了懵懂的十年,商家狂打广告,而不注重品牌内涵与实质内容服务,而消费者对手机品牌更是毫无甄别意识,也凭借广告决定购买行为,在这样的背景下,像TCL、南方高科、熊猫、科健、波导等这些已经没落或者消失的国产品牌在当年曾一度轰下50%的市场份额。

彼时"华而不实"的国产品牌经受不住诺基亚、摩托罗拉、三星等洋品牌的攻击,在第一轮淘汰战中就纷纷败下阵来,不少品牌因此而销声匿迹,整个国产品牌也进入寒冬期。

挫折面前往往也最能考验企业的意志力,自主创新能力强的企业往往能于此期间赢得胜局,以用户需求为主创新的联想就是一个最好的例子。

国产智能手机的再度崛起更像是一次品牌的理性回归,价格路线是一条近道,高高在上的苹果令不少消费者望而生畏,而"符合国情"的价格策略令很多国产智能手机产品快速适应市场需求,为广大中国用户提供了质量优越而价格适中的产品,集体开创了"千元智能机"时代,像孙悟空的金箍棒捅到天庭一样,引起了"上层领域"的震动,一时间令苹果处于尴尬境地。

同时,有效利用手机产业的透明化和新的竞争格局,国内企业在软硬件匹配、运营推广、应用服务等领域加强合作,以"硬件+软件+服务"的发展模式快速转型升级,形成了与洋品牌对峙的态势。凭着与运营商稳定的合作,国产品牌通过定制手机获取渠道优势,在2012年,三大运营商定制或集采的智能手机占国内市场50%以上,仅在终端补贴额度就超过500亿元。运营商与企业的合作,以大规模定制和集团采购、话费补贴、合约购机等方式拓展并壮大了国产智能手机的产业链。

产业链实力的提升为国产品牌的技术积淀和长效发展打下了坚实的基础,年销量已超过4000万套的国产智能手机核心芯片以及阿里云等国产操作系统成功推向市场,数十家内地企业为苹果等洋品牌提供零部件,产品覆盖触摸屏组件、电路保护元件等多个领域,核心技术优势天平正在朝着有利于国产品牌的方向倾斜。

以华为为例,华为终端内部的未来创新设计团队就集结了华为终端最优秀的研发人员,涉及华为终端所有部门的千人研发团队就设计出了P6这样的产品,连中国移动总裁李跃也赞不绝口:"华为P6是我见过的最好的手机之一。"这款产品获得了消费者及业界的一致认可,并一举夺得"2013—2014年欧洲最佳消费型智能手机大奖",成为欧洲电子产品最高奖台的新宠儿。

苹果，到底能走多远

华为为国产品牌向"金字塔"顶端冲锋做了一个好榜样，它的出现至少说明一点：苹果的地位开始变得不那么安全。

国产品牌自身的努力为其赢得了势能的转变，国务院"宽带中国"战略、促进信息消费扩大内需等系列政策的实施、相关国家科技重大专项深入推进，都为其创造了良好的软环境。4G网络覆盖范围持续扩大以及物联网、云平台等设施的推进，都在迅速终结功能手机时代，从而为智能手机"清理"出更大的市场空间。

不难想象，在缺乏强大引擎带动的情况下，不能跟上平民智能和大屏潮流的苹果将会面临更大的困局，苹果或许会为自己的固执己见埋单，中国联通降低对iPhone 5的补贴或许多少能说明一些问题。大屏幕——移动互联网时代的娱乐体验，如果苹果缺席，那么三星的地位就显得更加稳固。

与苹果的执拗相比，三星就显得灵活多了。三星顺应新的市场格局，及时推出大屏幕手机，无论是Note系列，还是Galaxy系列，都创造了可观的销量，但在国产品牌的"穷追猛打"中，三星也显露出产品创新不够和设计风格落伍等问题，其股价因此而跌掉了200多亿美元，形单影孤的三星高端机正在遭遇瓶颈。

在消费者层面，Android系厂商应该好好感谢苹果，正是在苹果的带动下，中国的移动智能产品市场才火了起来。不过通宵排队买苹果新产品的景象可能会成为历史，中国的智能手机市场格局已日趋多元化，带动市场需要也呈多元化态势，消费者心理变得更加成熟，产品的实用性以及性价比成为大多数消费者购买产品的评判标准。

在"失落的十年"，国产品牌走了一个弯路，消费者自然也会形成一种共识，对国产品牌缺乏信任感，他们对国产功能性手机的不信任很可能会延伸到智能手机，所以就造成当下不少中国消费者宁可买昂贵的洋品牌也不买性价比超高的国产手机的情况,消费领域的这一"经验性偏见"直接扼杀了国产高端品牌的溢价空间。

不过在洋品牌"陨落"和国产品牌"觉醒"的交叉格局中,国产品牌显现出质量和价格的双重优势,消费者逐渐发现,自己手里5000元的洋品牌,与2000多元的国产手机相差无几,甚至还不如国产手机的体验感好,他们的消费取向必定发生动摇。酷派副总裁苏进就认识到了这一点:现在的消费者越来越"精明",他们不再只选贵的。所以酷派率先将千元智能机的配置升级到800万像素、四核、5.5寸屏,把智能手机推进到"第三代千元智能机"时代。

当前智能手机正在加速洗牌,旧的市场格局可能会被新的格局所取代,无疑,国产品牌先于苹果甚至三星觉察到了这一趋势,抓住了信息消费升温和手机应用转型的机遇。随着中国手机网民规模已达4.64亿、网民中使用手机上网的人群占比提升至78.5%,移动智能产品仍将会释放出更大的市场空间。

不管是依靠高品质和可控制的低价格策略,还是通过从技术、营销到应用的各种创新加速转型升级的精品策略,国产智能手机的未来都是一片光明。

不过,从更高一个维度来看,当Google和苹果都在着手开发新一代的互联网电视、布局智能手表市场时,还在固守手机及相关边缘产品的国产品牌商似乎也应该更加富有前瞻性眼光,而不是只顾着埋头耕耘自己的一亩三分地。

如果创新红利被稀释,智能手机进入微利时代,那么整个行业行进到"零和"阶段,大家可分的蛋糕也会变得越来越小。

第六章 苹果"启示录"

苹果是一部厚重而富有内涵的教材,透过苹果的是是非非,我们可以预演更有可能性的未来,通过深入分析苹果的可取之处,我们可以更好地武装自己,从而为自己开辟更好的出路"保驾护航"。

1.

国产平板电脑的出路

脱离跟进者角色是国产品牌能否在移动互联时代抢先一步占领平板电脑细分市场的关键之一，尤其在零售、医疗、制造等信息化领域专业细分市场，将有更多的国产平板电脑品牌空间，CyberPad系列产品已经先后在车载、教育、医疗、酒店、制造、物流等行业里广泛应用并获得英特尔等厂商的全力支持，这就是一种强力的明证。

苹果iPad把电脑带进平板时代，也激活了传统的PC市场。

市场研究机构DisplaySearch报告显示，2013年平板电脑销售量将提高64%，销量将大幅度超过笔记本电脑，而苹果仍将在平板电脑市场中占据主导地位。同时，DisplaySearch认为中国将在2013年成为世界第二大平板电脑市场。

在系统方面，iOS与ARM将共同统治平板电脑市场。但自从2010年9月17日登陆中国市场以来，苹果iPad平板电脑只用了两年的时间就已经在中国平板电脑市场中占据了75%的份额。至少到目前为止，在平板电脑市场上，苹果还没有遇到特别有竞争力的对手。

利用独占优势的生态链，苹果把电信运营商和大量的第三方应用开发者"掌控"在自己的手里。

由于iPad的垂范效应，平板电脑成为了越来越多人的生活和工作必需品。正是看准了平板电脑的巨大市场，很多企业也开始纷纷涉足平板电脑这一新兴的行业。现在，涉足平板电脑的国内企业，大大小小的不下数千家，竞争非常激烈。

这也造成了市场乱象，很多企业都打起了价格战，生存举步维艰，与苹果的供不应求形成鲜明对比。

在这样的态势下，国产平板电脑如何破局？

当然这其中不能排除营销手段所起到的作用。这一点苹果做得非常好，我们在网上看到的平板电脑的信息，绝大多数都是关于iPad的。每当苹果公司发布新产品的前后，媒体都会大量地报道，整个行业都充斥了iPad的声音。可以说，苹果公司不用自己做宣传，也会有人主动给它做报道，真正是做到了"病毒式传播"。

而反观其他品牌的平板电脑，尤其是国内品牌，在宣传方面的工作显得很不足。这不像传统的手机制造商，比如三星、HTC那样，它们靠着手机已经打造出了知名度和品牌优势。而国产平板电脑制造商没有以前的功底，一切都要从零开始。

另外，产品性能是内在的驱动力。目前，在国人的心目中，似乎有一种认识，那就是进口的比国产的好，国外品牌比国产品牌的好。事实上，并非全部如此，平板电脑也不乏优秀的国产品牌。比如说联想、华为等品牌，在技术方面就不比国外品牌差，但是由于国人的或多或少的洋品牌"消费思维"在一定程度上"屏蔽"了国产品牌的优点，加上品牌自身尚缺乏足够的影响力，造成了国产平板电脑如今的尴尬地位。

从整体上看，苹果iPad之所以能够迅速占领市场，究其原因是由于它是4C融合智能终端的最佳代表，融合了内容和服务、计算机、通信、消费电子和智能终端。

4C融合智能终端可以有效地摆脱Wintel架构的垄断，打造出多种架

构并存的局面，国产CPU也和ARM、MIPS一样有推广应用的机会，像Android这样开放的Linux平台产品也会拥有广阔的发展空间。

不过看似完美的苹果iPad也并不是无懈可击，国产品牌平板电脑可以在技术以及用户体验上强化，但更重要的是通过推出差异化和符合本土消费水准价位的产品也是破局的关键一步。很多中国用户把iPad当成了一个游戏机，很少用来办公，而iPad的设计初衷恰恰正是为了办公。iPad来到中国之后并没有"物尽其用"，其中文输入法做得不够完美，就说明iPad不够重视中国市场。这与iPad英文输入法的使用效果对比鲜明，也说明了苹果对中国用户的"歧视"，在营销上则是缺乏本土化。

国产平板电脑不断进行尝试，早在2010年，国内厂商万利达、E人E本等均涉足平板电脑市场，其中万利达Zpad T8曾获得中国商业人士最喜爱的平板电脑奖，其在产品特性竞争力、娱乐应用竞争力和商务应用竞争力等方面均不比苹果iPad逊色。

E人E本总裁蒋宇飞说，"我们尊敬乔布斯，更向专注于把用户体验做到极致的苹果致敬，E人E本也是一家专注的公司，只不过与iPad的娱乐化不同，我们是把精力放在本土政商市场。E人E本尊重目标用户的使用习惯，主打以原笔迹手写为核心的操控、输入模式和基于原笔迹手写技术的各种办公应用。如果你只是卖一个终端产品，未来是没有竞争力的。"由于休闲娱乐和工作需要是影响中国用户购买平板电脑的重要因素，所以E人E本在商务办公应用上下点功夫正是有效的本土化突围策略。

而早在2005年，E人E本就开始着手研发符合轻薄便携、超长待机、功耗低、全功能等市场需求的产品。

联想对Android进行了二次开发，研发出联想乐OS操作系统，基于此推出了乐Pad。乐Pad内置48款中文应用，涵盖视频、阅读、游戏、音乐、即时通信等多个门类的主流应用，"既避免了系统兼容性的危害，又大大提升了产品的用户体验"。

联想乐Pad的中文界面和中文应用程序设置，也是基于适合中国本土消费者的应用和价格优势，联想增加针对商务人士的应用以及电池续航能力就是区别于苹果的本地化策略。

显然，国产平板电脑已经找到了适合自己的品牌定位，打品牌无疑是国产平板电脑下一个重要的突破点。

联想曾经包下一架海南航空的飞机，并在机身上喷涂"乐Pad号"的标志，并隆重举行了首航仪式，免费提供40台乐Pad给乘客体验，一年中将会有大约10万名乘客可以在"乐Pad号"上体验到联想乐Pad，打响了品牌战的重要一枪。杨元庆说："我们以苹果、黑莓、三星为对手专注于产品、品牌和业务模式的创新。"在新的征途上，联想志在必得。

脱离跟进者角色是国产品牌能否在移动互联时代抢先一步占领平板电脑细分市场的关键之一，尤其在零售、医疗、制造等信息化领域专业细分市场，将有更多的国产平板电脑品牌空间，Cyber Pad系列产品已经先后在车载、教育、医疗、酒店、制造、物流等行业里广泛应用并获得英特尔等厂商的全力支持，这就是一种强力的明证。

当大量用户对平板电脑的商用认知还只停留在概念上的时候，国产平板电脑还有很大的机会空间，不过当前还面临着"跨平台"等一系列问题，而如果要打破苹果iPad的"品牌垄断"则还需要走很长的路。

2. 从制造到创造的涅槃

中国企业已经完成了"中国制造"的历史使命，应该思考"中国创造"的现实与战略价值，否则将无法改变自己在经济生态链中的低端地位。而随着经济的发展和改革的深入，创造型的企业在未来经济生态链中必将赢得更多的机会。

苹果的成功之道在于"借鸡下蛋"——借助移动互联网的发展实现"产业链嫁接"：依托强大的品牌效应，建立起涵盖硬件、系统、软件、平台、推广、支付、服务等一站式、封闭式的生态系统。

美国国际数据集团资本创始合伙人熊晓鸽说："中国的主要角色是代工工厂、外设设备制造商，技术含量低，利润少。中国为苹果公司带来了巨大销量，正因为看好这个市场，在美国举办多年的苹果产业链大会去年来到了中国，但目前，中国公司在产业链中获得的回报还非常微薄。"

> 中国人制造了苹果，中国人买了苹果，钱却被美国人赚去了，这就是苹果主导下的产业链逻辑。

美国一家市场调查机构就曾经提供出这样的数据：苹果公司每台iPad电脑的售价是499美元，成本为260美元，而富士康为其组装，费用为11.2美元，只占其成本的4%，占其售价的2%多一点。徘徊在产业链末端的"中国制造"称得上是"血汗作坊"。

这怪不得别人，某些中国人只想赚快钱，由于手机行业准入门槛低，几百万元就可以入行了。更有坊间传说，"日本手机拼技术，韩国手机拼外观，美国手机拼体验，而中国手机则是拼价格"。只有中国人最聪明，直接奔着钱来的，难怪全球有75%的手机都在中国制造。

不必操心研发，更无需担心售后，做个代工，再贴上别人的标签，钱来得快，成本投入也低。品牌中国联盟主席艾丰说："所谓的'中国制造'更多的只是'低端制造'，中国出口产品90%以上是贴牌，10%以下的自主品牌，因没有知名度，也缺少附加值。出口产品中，外国独资企业和合资企业占了总量的55%，利润的75%。"

在构成苹果产品的硬件价值链中，处理器、存储器、基带芯片，以及液晶面板、触摸屏成本占比较高，供应相关产品的韩国、美国的供应商是主要的利润获取者，而到最后一环的组装，基本没有什么技术含量，中国的"制造商"们只获得极少的"辛苦费"。

非创造性的制造有时候比窦娥还冤，在一部iPhone的价格构成中，苹果公司的获利占58.5%，材料成本占21.7%，而支付给中国大陆劳工的工资成本只占1.8%。

在中国最大的手机集散地之一的深圳华强北手机市场，苹果产品仍然炙手可热，Android系畅销的仍然是三星，中国本土品牌则很少出现在这个市场，有店铺老板说："主要是消费者不喜欢，而且售后服务难、利润率低，导致了大家都不想做中国本土品牌"。

看来，中国消费者还没有把"中国创造"的名号贴在国产品牌上，"制造"和"创造"在用户心中已经有了一定程度的积淀，国人普遍认为国外的就是创造，而国产的就只是制造，就好像大家都知道，富士康是苹果的代工厂，但他们不认为iPhone源自富士康，而是来自苹果公司。

苹果,
到底能走多远

实际上,国产手机的操作系统、芯片等核心技术都掌握在外国人手里,它们也都受制于国外供应商,搭载国外操作系统的国产手机厂商在采购的时候议价能力被大大削弱,而缺乏核心技术的国产手机很难谈得上是创造,而非创造性的产品自然价值低下,消费者不买账情有可原。

作为一个泱泱大国,也不可能没有创造性手机技术,曾经给富士康、联想、中兴以及沃达丰等知名厂商提供设计方案的一位技术人员说,在翻盖手机、滑盖手机非常时髦和流行的好几年前,他们团队当时就设计出了"磁盖"手机。他提到说:"因为把功能分开了,两年前我就把这个磁盖手机的整机厚度做到了8—9毫米,而当时常规的手机整机厚度都在12—15毫米。当时就申请了专利了,而我当时把模型拿给很多大公司去看时,大家都说是好东西,可是由于不知道市场效果如何,大家都不敢做。"

这似乎与前文所讲的革命性创新是同一层意思,或许正是这样的"小鼻子小眼",让很多创造性技术"胎死腹中",再好的技术如果不被运用,就等同于不存在。

智能手机发展到今天,在硬件产业链上游已经被实力雄厚的美日韩企业垄断,中国企业不必与其硬碰硬,在产业链的另一端——软件开发方面还有很大的发展空间,同时也可能在苹果的产业链中争夺利润制高点。

随着手机超越台式电脑成为第一大上网终端,消费者在移动终端的诉求更加碎片化、即时性、娱乐化,对手机软件的需求量将会大幅增长,因此在软件产业链上发挥创造优势大有可为。

一些走在前面的中国企业已经小有成就。

2009年,中国最大的手机安全服务商网秦天下与北美Cellular Spyware公司旗下的Phone Guard品牌结成战略合作伙伴,由于网秦拥有完全知识产权,这一"中国创造"正式登陆北美市场。

由中国公司UC优视开发的核心产品UC浏览器就是全球第一个进入苹果软件家族的第三方浏览器，在全球拥有数亿用户，其中超过20%的用户来自国外，在多个国家的市场占有率都突破10%。在中国市场，30%的iPhone用户、70%的Android平台用户都是UC浏览器的粉丝。

UC浏览器树立了一个非常好的标杆，不过由于目前国内付费应用仅集中在游戏、手机导航等很小部分领域，竞争层级在全球行业尚处于初级阶段，中国创造若想在苹果产业链中争取更大的市场份额，还需要加强对内容设计、体验、盈利模式做更多尝试。

UC优视董事长俞永福把移动互联网带来的行业机遇总结为"三大红利"：一是"人口红利"，即移动互联网用户数量的增长为企业创造的商机，移动娱乐产业的发展尤其值得关注，他预计2014年中国手机网游市场将超过100亿元；二是"平台红利"，即企业将改变"前店后厂、又做又销"的模式，将销售通路问题留给平台，从而将更多精力花在产品开发上；三是"全球化红利"，他建议软件企业积极利用移动互联网无国界的特性，凭借"全球化红利"寻求突围。

著名经济学家剧锦文教授说："从'中国制造'到'中国创造'是一个国家的基本战略问题。"对于企业来讲，只要思维足够前瞻，脚下就一定有路。

当前，我国经济正在转变增长方式，如何利用最少的物质资源，创造最高的经济价值已成为企业制胜的方略，要做到这一点，很重要的一个方面就是提高品牌附加值和中国品牌的整体影响力。中国贸促会副会长于平说："纵观整个发展全局，中国品牌发展并不成熟，中国在世界经济中仍然扮演着'世界加工厂'的角色。在全球各大城市的商场中，随处可见'中国制造'的商品，但却难以寻找到'中国品牌'的影子。可以看到，中国是一个制造业大国，却绝不是一个品牌强国。"

国务院发展研究中心副主任侯云春亦直言不讳："转变经济发展方

苹果，到底能走多远

向当中一个很重要的方面是我们要从模仿向创新，从贴牌向创牌，从中国制造向中国创造转变，培育更多的自主品牌，真正使我们的自主品牌走向世界，走入千家万户，这才是名副其实的经济上扬。"

中国制造到了革命的时候，中国创造必须登上历史舞台。艾丰说："发达国家干的活，消耗的物质资源少，而创造的品牌附加值很高。中国人干的活，消耗的物质资源多，而几乎没有什么品牌附加值。一辆奔驰车，物质成本最多十几万元，但卖价一百多万元。一个LV的包，物质成本最多不过一两百元，卖你几千元上万元。反过来，我们制造的产品售价只是外国经销商售价的1/5、1/10、1/15！……中国人永远干费资源污染多、费力气不值钱的粗活吗？不能。所以，我们需要一场品牌革命！"

有人说如果把深圳几百家手机公司整合就可以研发出上百个iPhone，但几百个中国本土手机厂商却斗不过一个苹果公司，这说明中国企业不缺人才，不缺资金，不缺好的创意，最需要的是整合资源。实际上，苹果的成功也正在于其有超强的整合能力，从而成为整合时代的最大赢家。

中国企业已经完成了"中国制造"的历史使命，应该思考"中国创造"的现实与战略价值，否则将无法改变自己在经济生态链中的低端地位。而随着经济的发展和改革的深入，创造型的企业在未来经济生态链中必将赢得更多的机会。

像苹果一样，建立社会认同的用户体验创新理念；像联想一样，用产品经营细分市场；像三星一样，深耕核心技术，真正实现从制造到创造的涅槃。

3. 核心竞争力的差异化

"iPod为什么存在，苹果公司为什么能在这个行业里获得成功？日本的消费类电子产品公司虽然是卓越的硬件制造商，但他们直到最近才得以开发出所必需的好软件。看看iPod你就会明白，它是一款漂亮的硬件，也是一款便易操作的软件产品。"

"而日本消费类电子产品公司无法实现这种飞跃，创造出那样的软件。这就是苹果公司能在iPod上获得成功的原因。在手机上，也是类似的情形。手机制造商们已经解决了硬件问题，但他们无法做好软件。通常的仿造者会努力模仿硬件，这会让他们耗费一些时间。但是我们的软件比目前我们所看到的一切软件都至少先进5年。这一点他们很难超越。"

——乔布斯

曾几何时，"中国式山寨机"一度横行神州大地，利用智能手机爆发式的增长速度"揩油"，但很快又湮没于滚滚洪流，究其原因，缺乏核心竞争力使然。

小米M1凭借1.5GHz处理器、800万像素摄像头、4.0英寸高清大屏以及1999元的超低价位风靡国内，创造了3天30万台的惊人预订量，究其原因，是核心竞争力差异化使然。

从抄袭模仿到自主研发，国产手机走过了富有戏剧性的一段路程，借助于Android系统国产手

机获得了和国际一线品牌叫板的机会，令不少国产品牌大量"收复失地"，但国产手机复兴的同时也正面临着越来越严重的同质化困境，差异化势在必行。

2011年，国产智能手机经历了百花齐放的一幕：以酷派、华为、中兴等技术派为代表，与运营商紧密合作，成为市场亮点。华为与中国电信珠联璧合推出C8650，火爆热销；中兴与中国联通联袂推出V880，成为WCDMA千元智能手机王国的佼佼者；中国联通则与酷派、联想等厂家合作，打造"新定义千元智能手机"；联想、小米等则走上了移动互联网道路……

国产品牌相当懂得差异化运作，比如魅族M9、小米以及OPPO X903手机增添对文件夹和截屏功能的支持，其他如加入主题功能并提供海量在线主题下载以及加强电池续航方面就是不错的差异化"微创新"，有效针对中国用户的具体消费需求和审美取向，对洋品牌都是差异化的超越，毕竟国产厂商更加了解中国消费者的需求。

不过到目前为止，国产品牌的差异化大多停留在低端市场，在运营商的推动下，虽然推出了许多性价比超高的机型，但仍缺乏核心竞争力。

我们不妨来看看苹果的做法。

极富美感的设计、专注的态度、强大的市场营销力、满足用户的隐性需求等等构成了苹果差异化的核心竞争力，这也是苹果牢牢占据产业链上游并成为高端品牌的资本之一。

苹果，一个曾经濒临绝境的公司，经过"乔氏"脱胎换骨之后，一路"过五关斩六将"，创造了一个又一个传奇。苹果凭什么？世人感叹于乔布斯在二次回归苹果之后，有了一种敏锐的感觉和能力，他能把冷冰冰的技术转化为极富情感色彩的东西，而这正是普通消费者所渴望的，通过各种市场营销手段，他又让产品成了粉丝心中的尤物。

"拿来主义"是苹果的拿手好戏，当苹果成为一个集音乐、电影和科技于一体的跨界王国时，它就已经赢了。把那些看起来不起眼的硬件投置于新的数字世界之中，并整合美学元素，之后采用高度聚合的产品战略、严格的过程控制、突破式的创新和持续的市场营销，苹果的视野更加开阔，跳出产品做产品，这种差异化令竞争者大跌眼镜。

如前文所讲，乔布斯擅长做减法——削减苹果的产品线，把正在开发的15种产品缩减到4种，同时裁掉不必要的人员，然后迅速剥离低端产品，摈弃市场份额，全面转向高端市场和高利润率。

这就是苹果式的专注。

《乔布斯自传》中写道："苹果公司在1997年非常危急的时刻请回了乔布斯。当时乔布斯做的最重要的事情，就是把当时正在研发的各类项目砍掉大半，只保留几项业务。他的原则就是：Focus!

"这么多年来，苹果看似电脑、mp3、手机、平板电脑等等都生产，似乎很杂，但每个领域只有一款产品。这就是1997年乔布斯带给苹果走向成功的黄金法则。苹果有过痛苦，必定不会重蹈覆辙。它的企业基因，就是Ive这位苹果首席设计师所说，'It's very easy to be different, but very difficult to be better'（与众不同很容易，精益求精却很难）。专注，而非一味创新。"

如果某个市场或者领域苹果感知不能占主导地位，它决不介入，不肆意扩张，专守自己的核心优势。

如果说国内商家想从苹果身上学到什么有价值的东西的话，那么"专注"二字就颇值得研究。

苹果申请注册的专利很多，但做出的产品却很少，显然，它并没有把它的专利打造成一款又一款产品，从而与其他拥有丰富产品序列的厂

商"火并",它把大量的专利资源只分享给那几款产品而已,它会去打专利官司来维护"尊严"。

苹果并不急着扩张势力范围,它总是紧紧围绕自身业务范围,只耕好自己的"一亩三分地",跨界而不越界,从而打造出一个独立的体系,在这里面,它用充足的精力去增加用户黏性。

我们看到乔布斯说要改变世界,结果却只注重自己现有产品,即便的革命性创新只不过是对现有产品的拓展和对用户体验的改善。

乔布斯还喜欢做"表面功夫",如果要问原因,很简单,因为消费者喜欢。如果把苹果十几年前上市的iMac半透明的、圆润的蓝色机身脱去的话,那么它与普遍产品并无太大的区别,但它却迅速成为一种时尚象征,在之后3年内达到了500万台的销量。

苹果还是个借力借势的高手,通过与渠道商的合作,苹果名利双收。让美国领先的技术消费性电子产品、技术产品和计算机服务的零售商和经销商CompUSA担任苹果在美国全国的专卖商,大树底下好乘凉,Mac机因此而销量大增,苹果的品牌知名度也因此而得到提升。

企业必须有自己的核心竞争力,然后才有资本去整合更多的优质资源。

随着市场竞争能力日益激烈,智能手机必将进入寡头时代,因而,从长远来看,"力争上游"是一个必然要走的步骤,如何像苹果这样占据金字塔顶层,攫取巨额利润率,才是国产手机未来战争的重点。

业界普遍认为,三五年之后,手机市场将只剩下不到5家寡头。那么,这也意味着,在下一轮行业洗牌中,那些不具备差异化核心竞争力的厂商将会被边缘化,而游走在破产的边缘,企业生存空间将会变得更加狭窄。

今时的繁华更多的只是借助于市场爆发期所产生的"浮力",上升期所释放出的市场机会点被广泛利用,也进一步加速成熟期的到来,而一旦进入成熟期和稳定期,一些竞争力差或者缺乏核心优势的企业将会成为首轮被淘汰的对象。如果只专注于赚取眼前利益，而不加强内功的修炼，同样会重演当年覆灭的悲剧。

中兴通讯副总裁王勇说："国产手机如果要在未来立足，必须要拥有核心竞争力，所谓的核心竞争力体现在三点，一是硬件，二是软件，三是内容，只有这三者俱备才能取得成功。"

硬件是国产手机的短板，在短期内更难以和苹果这样的国际品牌相抗衡。在软件上，由于大多加入了Android系统，组建自己的生态链更是无从谈起，只能通过"微创新"来获得加分机会，但还不至于借此构建差异化核心竞争力。而在内容上，我们也仍然需要做很多功课。

或许可以借助于自己的长项，并不必做到"大而全"，然后学习苹果的战略，用自己的核心优势去整合外部优质资源。

乔布斯说："iPod为什么存在，苹果公司为什么能在这个行业里获得成功？日本的消费类电子产品公司虽然是卓越的硬件制造商，但他们直到最近才得以开发出所必需的好软件。看看iPod你就会明白，它是一款漂亮的硬件，也是一款便易操作的软件产品。"

"而日本消费类电子产品公司无法实现这种飞跃，创造出那样的软件。这就是苹果公司能在iPod上获得成功的原因所在。在手机上，也是类似的情形。手机制造商们已经解决了硬件问题，但他们无法做好软件。通常的仿造者会努力模仿硬件，这会让他们耗费一些时间。但是我们的软件比目前我们所看到的一切软件都至少先进5年。这一点他们很难超越。"

苹果的核心竞争力已经达到一定的境界，差异化是一种必然，乔布斯说："重要的不是你能实现什么，而是你怎么实现。"消费者需要的不是功能越丰富越好，也不是创新越震撼越好，而是把他们潜在需求的体验细节做到位。这才是真正的核心竞争力差异化。

4. 营销新思维

一款产品好不好，顾客最有发言权，任何产品都是为顾客服务的，任何产品的任何一个环节也都应该是为顾客服务的。从研发、设计、生产、营销推广到零售，全过程都必须紧紧围绕顾客，苹果的"营销全产业链"做得几乎滴水不漏，难怪被连连叫好。

通常名人才会有粉丝，而产品下的粉丝却极少，可以说苹果创造了一个产品粉丝的新时代。乔布斯说："去装备那些有创造力的、满是激情的人们，给他们想要的，让他们去改变世界。"于是，在此基础之上，苹果定制了张扬个性的品牌主张。

利用产品的优势吊足粉丝的胃口，预热期、预售期、火热期，苹果的营销攻势做得有板有眼，只有在粉丝对产品本身产生充分的联想之后，它才会把产品真正地撒向市场，从而让他们形成"疯抢"的态势，看上去苹果的所有产品都供不应求。乔布斯把"饥饿营销"运作得出神入化，制造了一场又一场火爆的销售场面。

苹果鲜有讨好顾客的动作，在营销上它也不刻意去迎合粉丝们的品味，反而采用冰冷的"缺口策略"，与传统的营销理念背道而驰，它不给所有需要苹果产品的用户提供足够的产品，反而告诉他们，iPad或者iPhone"没货"了。

产品大量短缺不应该出现在营销活动中，出

现这样的情况往往意味着产品过于畅销，以至于脱销，不是商家准备不足，而是销售太火爆，超出了商家的预期，不过这不是苹果的意外，而是有"预谋"的营销策略。不错，制造短缺，这是苹果的"奢侈品式"营销思维，人们越得不到的东西越渴望拥有，越拥有不了的东西会越珍惜。苹果创造了一种向往——帮助用户产生购买苹果产品的冲动，既然断货，"这产品一定好，我一定得买到，不然就亏了"，这是一个准粉丝的潜台词。

成功地让消费者忽略它高昂的价格"劣势"，当大家践行"羊群效应"而一拥而上时，再高的价格也阻挡不住买一部苹果的热情，粉丝们似乎迷恋于拥有苹果惊心动魄的过程，而不是得到一部iPhone。显然，苹果不但聚合了产业链优势，还非常成功地聚合了粉丝们的激情，所以当乔布斯选择充满神秘色彩的剧场召开新品发布会时，他就吸引到了大家好奇的目光，激起他们强烈的好奇心，苹果就已经赢了一半。

苹果没有在产品线上四面开花，其好处就是可以整合更多的资源给一款或者少数几款产品，这里面就包括营销资源。如果产品很多，那必须会分散大家的注意力和关注度，一般商家会认为，反正都是自己的产品，用户不买这款就买另外一款，苹果则不允许发生这样的情况。其实，苹果正规避了一个误区，那种认为用户会在自己的不同产品之间选购的想法是不科学的，如果客户不能在第一时间锁定你的产品，那么他的注意力将很可能会发生转移，除非他已经是你品牌的忠实粉丝。

在房地产的销售上，管理层就严格禁止置业顾问同时向客户推荐两套房子，因为最有可能的结果是，客户一套也不买，而且他可能再也不会选择这个项目。乔布斯很聪明，这也是苹果的过人之处，集万千宠爱于一款产品，这款产品再平凡，也会成为一个焦点、一款明星式产品。

2007年，由于iPhone的发布得到了媒体的积极评价，乔布斯看到了营销的"世外桃源"——媒体，为此苹果甚至一度停止了对传统广告的

投入。

"大家都看过来",乔布斯可以这样告诉所有的媒体,因为苹果要发布新产品了,通过造声势可以让新品成为人们谈论的话题,当苹果公司在推出iPhone系列时,粉丝们还没有见到产品,就发现新闻里谈的都是关于iPhone的话题,而当苹果的新产品成为街头巷尾公众谈论的焦点时,它就赢了,这几乎已经注定了产品的畅销,因为口碑传播拥有"可怕的杀伤力",人们的热议可以帮助产品形成消费者翘首期待的"势能",它在很大程度上会令购买者淡化产品的一些瑕疵,甚至超越寻常的价格因素。

一个广泛的话题会提升产品的"身价",即提升人们的价值预期,并认为高价格恰恰正是价值的有效"认证",所以粉丝们才会花大代价去购买。

房地产的销售往往会有一个开盘活动,即让积累的客户在同一个地方、同一个时间同时释放,这样就容易形成"你争我抢"的局面,商家的目的很明确,就是利用这样的策略"剔除"掉客户所有的理性思维,让大家在一种狂热而感性的层面迅速出手,甚至没时间去思考产品的细节就已经埋单。苹果培养的也是这种"非理性心理"。

网络微博当下正非常流行,大家会发现,iPhone手机用户发表了一篇微博之后,下面会有一个标注:来自iPhone客户端。尤其是使用iPad或者iPhone的大V们,他们在自己的娱乐平台发表观点或高见,粉丝们看到同样的标注,会产生一种共鸣,这种共鸣可以强化对品牌的认同感与优越感,从而帮助他们形成一种心理优势,在炫耀苹果产品的时候,显得很有"范儿"。

事实上,在线下苹果公司也与好莱坞保持着密切合作,通过明星使用iPad或者iPhone,来增加苹果产品的曝光率。我们在电视上或者电影中如果看到某个明星大大方方使用苹果,那么这可能是一种策划性质的安排,那些明星的粉丝们同样也会关注他们的崇拜对象在使用的iPad、

Macbook、iMac以及iPhone,这就是苹果"炮制"的明星效应。

苹果公司的营销人员都是务虚的高手,在乔布斯时代,苹果的产品往往被宣传成划时代意义的"神品",苹果所谓先进的技术创新被放大无数倍,给公众造成了这样一种印象:苹果是最擅长创新的,苹果的产品是最革命性的。苹果真的那么神吗?当然不是,苹果只不过是依靠宣传,成功地通过务虚的手段达到了"广而告之"的目的。同样的原因,用户喜欢,当某个品牌的忠实拥护者看到该品牌的广告时,他会格外关注,而且广告做得越眼花缭乱他越喜欢。

苹果深谙这种隐蔽的用户隐性心理感受,从而像包装明星一样给予产品足够的人格关怀,那么公众就把它当成了明星,而且确实由此产生了一大批的粉丝。非但如此,它还令粉丝们如痴如醉,他们发现买回家的不再是一部手机,而是一种信仰,或者一个释放自己个性的"小盒子"。

苹果"侦察"到目标客户的消费取向后,就设置了一种对应的精神和价值观频率,这种频率超越了纯粹的产品层面,它不需要想办法去讨好顾客,只要有同样频率的人与苹果"对上号",苹果营销就成功了,这是典型的"姜太公钓鱼,愿者上钩"。

作为高端产品,必须走务虚路线,否则你的价格绝对经受不起"折腾",它一定是某种精神的寄托、某种身份的象征或者特定审美理想的标志,这一点可供正在寻求上行机会的国产品牌借鉴,要占领上层市场,就必须学会升华产品与品牌的内涵,品牌高度决定产品认知度,品牌高度越高,品牌势能就越强。举个简单的例子,如果宝马和桑塔纳都新出一款价格在36万元左右的车,你会选择哪个品牌?估计选择宝马的概率会更高一点,因为宝马的品牌势能远远高于桑塔纳。

苹果对渠道还拥有非常强的驾驭能力,它必须确保能够在零售终端管控产品的价格,所以我们看到苹果的价格一般比较稳定。如果说眼睛

是心灵的窗户,那么终端就是品牌的窗户,不稳定的价格会破坏品牌体系,而那些打折促销或者价格分布不均的商家,则往往把智能手机或电脑做成了"地摊生意"。

苹果把自己打造成"异类",在零售店,它自然不喜欢自己的产品和竞争者"遭受"同样的待遇,把他们的产品作为独特的种类来陈列是其比较中意的。单独摆放,这就是苹果的个性,但这也是一种打造独一无二产品的策略,苹果追求的就是与众不同。

表面上看苹果很冷酷,乔布斯甚至从来没来过中国,在处理公关问题上也是一如既往地缓慢,但不能否认的是,苹果比其他商家更懂消费者的心,粉丝们对苹果趋之若鹜就是最好的证明。

做正确的事永远胜过正确地做事,做人的生意一定要懂人性。手机外表再华丽,功能再丰富,如果不是顾客所需要的,那么它也不会畅销。

就好像有个故事所讲的那样,有个国王让两个雕刻家同时雕老鼠,其中一个雕得非常逼真,细节非常到位,看上去就像一只真的老鼠一样,而另外一位却雕得不怎么样,而且看上去几乎不像是老鼠。于是国王很自然地要评判前者获胜,但另外那个雕刻家却说老鼠雕得好不好猫最有发言权,当猫发现后者时,便情不自禁地喜欢上了它,原来它的取材是猫最喜欢的鱼骨。

一款产品好不好,顾客最有发言权,任何产品都是为顾客服务的,任何产品的任何一个环节也都应该是为顾客服务的。从研发、设计、生产、营销推广到零售,全过程都必须紧紧围绕顾客,苹果的"营销全产业链"做得几乎滴水不漏,难怪被连连叫好。

苹果的营销新思维是一种人性营销的精髓,看似高高在上却深得人心,国产商应该学习苹果的营销精神,跳出手机做手机,跳出电脑做电脑,营造出一种巨大的营销势能,从更高的维度来宣传产品的性价比和品牌个性。只有真正沉下心来做足内功,才能不断缩小与国外一线品牌的差距,从而开创国产手机的黄金盛世。

5. 细节制胜

苹果的成功源自于细节的积累，"罗马不是一天建成的"，只问耕耘不问收获，乔布斯与他的团队非常有耐心地"坐冷板凳"，为了"打磨"出OS X系统界面的最佳效果，乔布斯近距离贴近电脑屏幕，非常细致地对每一个像素进行比对，他告诉团队："要把图标做到让我想用舌头去舔一下。"

乔布斯是一位公认的"细节大师"，苹果的每一次发布会，都是他精心策划和执行，每一个细节都是他精心研究和推敲，甚至于每一个陈设，每一个包装盒，每一条广告，每一个产品外形，他都严格"把关"，真正地把一丝不苟做到了极致。

Macworld总裁Mike Kisseberth说，苹果对细节设计的重视使得其产品很受欢迎，并且使得消费者愿意去使用这种产品，愿意更多地去买这种产品。

2002年，苹果申请了"个性呼吸LED指示灯"的专利，模仿者均难以达到苹果的效果，智能风扇也是苹果的细节精神体现，类似的细节很多，这些细节统合起来形成了一种"苹果力量"，这种对细节的苛求令苹果卓然于世。

时间退回到1977年，美国西海岸电脑展时，乔布斯突然发现运来的机箱不是他所需要的，这是不允许发生的，于是他让员工立即对机箱进行改造，很快打造成他想要的样子。按说这只是个意外小插曲，但就是这个小意外，让乔布斯在那次展览会上声名鹊起，并因此而赢得大量订单。

细节决定成败,此言不虚。

iPhone能有今天这样的外观并不是一夜之间变成的,而是经历了无数次的"细节革命"。当乔布斯的设计团队拿出一套方案时,乔布斯问该团队负责人:"这是不是我们所能设计出的最佳外观?"负责人说:"我们已经尽力了。"乔布斯当然不会"纵容"这样的态度,其实尽力而为对于很多企业管理层已经很满意了,这也正是一般企业与卓越企业的区别。

乔布斯相当不满地把设计图纸拍在办公桌上,很严肃地告诉负责人:"拿回去重新设计,直到做到最好为止。"那么,不难想象,这位负责人会带领他的团队继续攻关,他会想尽一切办法开足马力把潜能释放出来。伟大领袖毛泽东也说过:"凡事就怕'认真'二字。"一个团队如果发挥足够潜质,是一定能够创造奇迹的。

经过不懈的努力和与细节多次"死嗑",设计团队终于拿出令乔老爷满意的第一代iPhone外形设计方案。这是苹果能够取得成功的重要根源之一。显然,量力而行、尽力而为与竭尽全力结果是不一样的,可能大多企业只做到"我尽力了",所以就败给了苹果这样的"直到做到最好为止"。

产品的较量所造成的最终结果往往不是取决于60分的时候,而是90分到100分之间,创新的价值也往往体现在对细节的追求程度和执行程度。乔布斯足够追求细节,他帮助苹果拿下了行业的定价权和产业链的话语权。

> 美国一家投行的资深分析师保罗·诺格罗斯曾这样感叹:"近乎变态地注重细节才是乔布斯的成功秘诀。"
>
> 对于细节上的执著,《财富》杂志也给予乔布斯和他的团队较高的赞许:"他们喜欢雇用那些不满足现状的设计师,并要求他们疯狂地关注产品细节,例如,在谈及苹果的笔记本电脑外观细节时,你如果不两眼放光,就不配进入苹果公司。"

很多企业做不到这一点，这恰恰是他们应该向苹果学习的地方，尤其是处于新的竞争格局下的国产品牌商。细节同样是苹果的核心竞争力之一，而最重要的是这种细节精神，是任何企业都无法复制的。

苹果的成功源自于细节的积累，"罗马不是一天建成的"，只问耕耘不问收获，乔布斯与他的团队非常有耐心地"坐冷板凳"，为了"打磨"出OS X系统界面的最佳效果，乔布斯近距离贴近电脑屏幕，非常细致地对每一个像素进行比对，他告诉团队："要把图标做到让我想用舌头去舔一下。"

对产品如此用心地感受，细节之神也不能不感动，苹果产品之所以拥有一流的体验感，首先是设计者经受了无数次的体验"试验"，"己所不欲，勿施于人"，只有自己真正地恋上产品，顾客才有可能像设计者一样喜欢它。

2004年，苹果设计主管Jony Ive说："我们在开发笔记本电脑时，非常努力。我们希望消费者打开包装盒时，会发出惊叹。……我们非常努力地做好每一个细节。我们花费大量时间，目标只是为了让苹果笔记本比其他产品要好。"

10年过去了，不少PC企业在行业洗牌中惨遭淘汰或者业务日益萎缩，但苹果仍然拥有骄人的业绩。10年间，PC市场份额从2%一度增长到10%，并成功借助iPhone完成了向智能手机的过渡。

苹果产品的外形和观感是其细节成就的"集散地"，但还不只体现在外观上，内部组件也一样倾注着细节理念。这令苹果的忠实粉丝们惊叹不已，有个"铁杆果粉"就如此评价："当多年前，我第一次看到iMac时，我知道这不是一台PC，而是一件完美的艺术品。是乔布斯一扫计算机灰褐色、千篇一律的单调，将计算机从充满电路板气味的实验室带进了我们的卧室，并用相对低廉的价格，让我们完成了一次技术与艺术的完美体验。"

苹果，到底能走多远

在苹果式营销中，细节也无处不在。乔布斯并不是随意性地选择媒体，而是有计划地先从网络入手，因为"栖息"于网络上的人大多是喜欢新生事物的新新人类，而他们正是苹果的目标粉丝群体之一。然后，乔布斯又在新闻、时尚、财经等媒体上进行全方位报道，目标区域均锁定在各大中城市，这样就可以提高媒体宣传效力，更加有效地将目标受众"一网打尽"。

细节令苹果把创新发挥到了极致，从某种意义上讲，苹果是细节的"吉尼斯纪录"开创者和保持者，乔布斯也因此创造了一种细节精神，在这种精神感召下，产生出一批像他一样热衷于细节的员工，他们以一种近疯狂的热情追求细节上的"绝对"，并远远地把对手抛在了后面。

这似乎在告诉我们，如果没有细节的"保驾护航"，所有的创新都是不完美的。"缺口苹果"仿佛在提醒世人尤其是企业经营者：你还可以做得更好。

企业是一台由无数细节组成的精密机器，优质的产品是机器在细节协调运用下的产物，而假如其中一个细节出了差错，那么其他细节将无法在正常而正确的轨道上运行，就必然会危及产品。西方有一首流传已久的民谣："丢失一颗钉子，坏了一只蹄铁；坏了一只蹄铁，折了一匹战马；折了一匹战马，伤了一位骑士；伤了一位骑士，输了一场战斗；输了一场战斗，亡了一个帝国。""千里之堤，毁于蚁穴"，马蹄铁上的一颗钉子是否会丢失，本是一个十分微小的变化，但它却会产生一种"蝴蝶效应"，造成与之相关联的所有因素也因之而发生相应的变化。

所以说，细节重于泰山，细节更像是一种习惯和思维方式，培育好细节很难，但忽视一个细节却很容易。而像苹果这样的企业，由于非常珍惜细节，结果细节也为其带来了丰厚的回报。

沃顿商学院营运与信息管理学教授Serguei Netessine说："在服务

业,你必须照顾好顾客。在制造业,你的重点是优化制造过程。在零售业,你必须照顾一连串的顾客,同时你还须确保相当数量的物品能及时摆上正确的位置,并有足够数量的员工为顾客服务,使货流正常运行。在零售业,这两个过程是同时进行的。这似乎正是零售业如此难以捉摸的原因之一。"

看来同时抓好产品的细节和零售的细节是件极为困难的事情,但苹果却做到了兼顾。苹果把专卖店定在城市中心的繁华位置,专卖店追求一种极简单完美的风格,并营造出"苹果式氛围",在这里顾客们可以畅快地了解和享受各种创新的产品和服务,而且有专家在旁随时解答问题。

苹果如此优秀的专卖店当然也不是常规性的"妙手偶得之",同样也是乔布斯团队对细节"抠门"的产物,他会带领员工们一起讨论专卖店的厕所标志该用哪种灰色以及采用什么样的格调,店里铺地面所用石头的颜色、纹路和纯度以及楼梯的设计都一一"把关"。

"销售圣经"里有一条非常重要的"忠告":你推销的是煎牛排时的嗞嗞声,而不是牛排本身,因为是嗞嗞声让人流口水。苹果通过细节打造的就是这种让人流口水的"嗞嗞声"。

从整个过程上看,苹果更像是一家服务型企业,或者说是一家零售企业,不错,一家生产型企业把触角伸到了零售领域,并在这一行业里做得有声有色,甚至并不比专业的零售商家差。苹果的细节"打通关",上下游"通吃"。

老子云:"天下难事,必作于易;天下大事,必作于细。"惠普创始人戴维·帕卡德也讲道:"小事成就大事,细节成就完美。"细节虽小,但能成就大事,唯有细节才能真正雕刻出经得起考验的产品和品牌。

世界级的竞争,就是细节竞争,国产品牌商要想在竞争中脱颖而出,就必须像乔布斯一样与细节"较劲儿",而且"较劲儿"到底。

6.
本土化策略

本土化是企业或品牌世界化的重要一步,《愤怒的小鸟》之所以能够风靡全球,是因为它拥有本土化内容,其实最流行、收入最高的应用程序都较好地做到了本土化。

我们常讲入乡要随俗,对一个人来说可能会相对容易一些,如果足够灵通,入乡随俗只是个思维方式转变的问题。但对于一个外来的品牌而言,要想完全地融入一个陌生的市场环境,却是一件相当困难的事情,像苹果这样的国际企业在这方面走弯路似乎也在情理之中。

进入一个新市场,必然要经受更多的考验,那些未知和不确定因素尤为棘手。不过,如果企业积极"迷途知返",能够及时地"改过",那么在获得谅解的情况下就能扭转局面,缴学费是必需的。而不懂得"回头"或者反应迟钝的公司则很有可能被淘汰,在这方面,公众对大企业尤其挑剔。

自2011年9月开始,苹果公司在韩国本土化遇挫之后,率先作出改变,启动本土化策略。之前曾有韩国iPhone手机用户抱怨,苹果为故障手机用户更换的手机几乎都是二手翻新机,而不是全新的手机,免费维修或退款服务也不被支持。改变之后,苹果同意依据韩国公平贸易委员会的要求,对iPhone手机在该国的服务政策进行调整,以缓和与韩国用户的紧张关系。韩国则因此"成为全球首个说服苹果更改其全球客户政策的国家"。

同样地,为了应对水土不服,苹果针对中国市场也做出了新的尝试,3·15事件过后,苹果在"愚人节道歉"中提出四项改进,"包括iPhone 4和iPhone 4S维修政策、在苹果官方网站上提供简洁清晰的维修和保修政策说明、加大力度监督和培训苹果授权服务提供商,以及确保消费者能够便捷地联系苹果以反馈服务的相关问题"。这个一直"僵硬"的苹果终于"软"了下来,这个行动总算获得了中国公众的谅解,不过其品牌形象受损却是永远无法挽回。

在与iPad的商标纠纷之后,库克前来中国,进行危机公关,他也是第一个来中国的苹果CEO。在产品线上,苹果新iOS 6操作系统新特性中加入了中国元素,优化了中文输入,中国的iOS用户可以在iPhone 4S上使用智能语音助手,另外,苹果新系统中Siri也在支持中文和本地化信息搜索方面开启本土化大门。

除了普通话,iOS 6中Siri总共支持包括中国粤语、中国台湾语在内的15个国家和地区的语言。

这个"内向"的苹果开始同外界进行必要的交流,调整本土化策略或许是苹果海外市场"务实"的开始,果真如此,它将一定程度地规避创新方面的不足,以启动"软实力"追回失去的分数。

本土化是企业或品牌世界化的重要一步,《愤怒的小鸟》之所以能够风靡全球,是因为它拥有本土化内容,其实最流行、收入最高的应用程序都较好地做到了本土化。

在欧洲债务危机和世界经济整体受挫的情况下,中国市场成了许多企业的"伊甸园",随着改革的深入,中国经济也在更加理性地向纵深方向发展。而随着市场的不断发展和壮大,将会有越来越多的跨国企业和机构在中国采取更加积极和本土化的策略,越来越多的品牌商家认识

到对中国消费者和市场的尊重、与各利益关联群体的"和谐共处"的重要性。

德国BASF公司的做法就特别具有可借鉴性,这家企业采取与本地行业结盟的策略,并以此来提高本土化运作的效率,这是一个对开拓业务和树立品牌非常有帮助的本土化策略。BASF与三个上下游中国行业之间形成一种联盟会议,后来在国内行业协会合作推广的助力作用下,逐渐演变成为一个颇有影响力的行业盛事。此举帮助BASF快速建立起了正面积极的行业形象,并成功地融入中国化工行业的圈子。

在中国市场上,国产品牌与洋品牌公平竞争,同样也是优胜劣汰。长期"浸淫"在中国智能手机市场的酷派就做出了一个非常好的表率,这家专注于智能手机业务的主流终端制造商是个本土化策略的大行家。它与三家运营商紧密合作,通过与运营商绑定,酷派借助社会化渠道做产品推广,并因此而在双网双待手机领域表现卓越,其开发出的类似于苹果App的应用商城以及酷云,都是本土化策略的杰作。

本土化策略一般包括产品本土化、人力资源本土化、生产渠道本地化、管理经营本土化等多个方面。像摩托罗拉这样的企业,其来中国的初衷是看好中国的低劳动力成本,把中国当成其加工厂和制造中心而已;但眼看着中国成长为一个成熟的大市场,他们才发现自己已经在本土化的道路上误入歧途,于是不得不及时"刹车",进行过合资、合作、独资、与本地产业联合、与政府协作等多种尝试,不管结果如何,摩托罗拉总算是朝着正确的方向做出了有益的实践。

随着中国经济的转型与升级,国内外企业也必须明白,竞争的范围可能会发生根本性变化,这也促使它们不得不加快本土化进程,同时把本土化内涵做得更加丰富,否则随时都有可能被"出局"。

长城电脑电讯业务总监、IMO总经理邹良伍说:"要想赢得消费者一定要强化产品,但是单纯强化产品是不够的,更重要的是关注市场的消费需求，挖掘消费者的应用习惯。我们致力于拓展平板电脑的使用范围以及适用人群，不仅仅要覆盖那些酷爱最新电子产品的年轻消费者，同时也要为商务客户以及家庭客户定制符合他们应用环境的平板电脑。"

长城平板电脑因此充分考虑了用户的使用需求，并针对具体需求为平板电脑配置特别功能，用户可以很轻松地上优酷看视频、上开心网玩偷菜，这些富有中国特色的具体应用软件就是长城平板电脑本土化策略的产物。

当然，如果一帆风顺，那自然是企业的运气，商场毕竟如战场，是不可能一直风平浪静的，有些知名国际品牌在本土化进程中，往往需要面对很多始料未及的、可能会危及企业品牌信誉的、或真或假的事件。这类突发事件严峻地考验着企业的危机公关意识与能力，事实上不少企业都倒在了对危机公关处理不力上。

品牌商必须"明察秋毫"，尤其是公关人员，必须对宏观环境、政策环境及行业环境有着非常高的洞察力和敏感度，同时在周密的内部沟通的基础上，也要保持与外界的沟通渠道时刻畅通。

本土化公关是一个系统工程，更是企业持续推进的一种策略，公关不进则退，危机随时都会产生，或者说被产生，有时候一个"莫须有"的谣言就有可能令企业"无力回天"。

企业必须走向前台，经常"露面"，并在公众中建立一种良好的企业公民形象，品牌形象会因持续不断的正面公关而得到加强。在线上，这就是一种软实力的展示；而在线下，则又必须加强与政府、行业、媒体、消费者及其他利益关联群体的沟通与协作，虽然不至于玲珑八面，但至少也得"路路畅通"。

这其中，像苹果一样主动向对的媒体靠拢并巧妙借媒体之力也是一种必要的策略，企业必须保证媒体管道的有效性和高效性，从而达到事

半功倍的形象宣传效果,而到了危机时刻,又能保证这些"朋友"随时能够来"灭火"。当然,这样的关系需要维系。

1999年,在比利时,喝可口可乐闹出了人命,但可口可乐依然是世界上最有价值的品牌之一,任何企业都不可能不存在问题,人们能容忍可口可乐的"人命事件"。可是在中国,一个"三聚氰胺"事件却倒下了一个三鹿,看上去这相当不公平,而类似的失败案例甚至比比皆是,看上去都让人感到痛心。为什么会这样?冰火两重天,最重要的原因是没做好线上和线下的危机公关工作。

当央视报道了冠生园使用陈馅做月饼的黑幕之后,该公司的回应让人大跌眼镜,拒不承认错误且不说,还声称"使用陈陷做月饼是行业的普遍做法"。这种非常危险而弱智的行为,最终导致冠生园不得不宣告破产,这个曾经占领行业内半壁江山的老字号竟然因此而淡出历史舞台,实在是不应该。

即使是面对不实的负面传播,即使是实话实说,冠生园也已经犯错了,它犯了非本土化的大错,本土化在这里被定义为要学会靠近对方的思维,与媒体对抗或者对立,在公众眼里都是与他们"为敌",这样会造成打击面很广,乃是企业不可承受之重。

洋品牌要走进来,国产品牌也要走出去,都需要经受本土化的洗礼,希望过往的经验和教训能够让更多的企业少走弯路,甚至不走弯路。谁本土化做得到位,谁占得先机,本土化同样决定成败。

7.
赋予品牌
一个精神个性

"如果一个企业仅仅试图利用廉价劳动力，为别人贴牌生产，同样可以快速成长，赚取许多利润，但是这样做不可能建立起优秀的企业文化，也不可能塑造出一个伟大的品牌。"

——弗朗希斯·麦奎尔，美国营销大师

乔布斯为苹果的品牌构筑了一道"风险防御体系"，那就是唤起粉丝们的品牌忠诚度，这成为苹果成功的关键，而且在苹果遭遇信任危机时，他们还会站出来自发维护苹果的品牌形象，他们自身则会对苹果产品存在的一些问题报以宽容和理解。这道体系的核心就是苹果的用户情感链接与独到的品牌精神个性。

美国市场营销协会（AMA）认为："品牌是一种名称、名词、标记、符号或设计，或是它们的组合，其目的是识别某个销售者或某群销售者的产品或劳务，并使之同竞争对手的产品和劳务区分开来。"

乔布斯对苹果产品灌注了无比强烈的热情，制造出一种最热衷于创新、苛求细节与高品质以及最尖端设计的印象，人们之所以能够宽容苹果，就是由于他们认为苹果已经做得够好了。

当品牌与消费者建立了情感上的联系后，品牌商就获得了一批忠诚粉丝，粉丝们会想办法捍卫其品牌个性，令其大行其道，不受危机"戕害"。

苹果，
到底能走多远

> 可口可乐公司创始人艾萨·坎德勒就说过："如果可口可乐的所有公司财产在今天突然化为灰烬，只要我还拥有'可口可乐'这块商标，我就可以肯定地向大家宣布：半年后，市场上将拥有一个与现在规模完全一样的新的可口可乐公司。"成功的品牌商完全拥有这样的自信，这得益于他们成功的品牌塑造。

根据市场研究公司2013年的最新调查，在最认可的智能手机品牌中，苹果仍然排在第一，高达80.6%的人说他们最认可的品牌是苹果。

而在海外媒体齐呼中国崛起的当儿，更有媒体惊叹，中国品牌无缘全球品牌100强，品牌力成为一个突出问题。

品牌是商家与顾客的情感维系纽带，事实上，当人们正在质疑傲慢苹果不懂得走下"神坛"而忽视消费者情感时，苹果与消费者的联系从未中断，苹果不过是采用了另外的方式而已，苹果综合利用互联网、零售店和指向性媒体来维持这种联系。对于其他企业而言，可以通过开设企业博客或者直接通过Twitter与用户进行探讨的方式，也可以借助Facebook来宣传公司的动态与品牌文化，从而不断维持品牌个性的热度。

苹果在其使命声明中称："苹果通过Apple II触发了20世纪70年代的PC革命，通过Mac机彻底变革了20世纪80年代的PC市场。苹果致力于通过创新性软硬件和互联网技术将最好的个人运算体验带给学生、教育家和富有创造力的专业人士和全球消费者。"

品牌代表企业精神，苹果的品牌个性建立在差异化与人性化的基础之上，苹果手机没有说明书，只有打开，然后"下一步""下一步"……让最"弱智"的人都能够自如操作。苹果把专业做到了极致，凝聚成一种独立的个性，从而开创了"苹果时代"。

在软件和硬件革新的前提下，苹果不断强化企业信念，所释放出的信息也是创新、高品质和技术领先，而不是传递具体的产品资讯，这种信念与消费者们的情感联系往往更加稳固而牢靠。

有了品牌个性，如何正确地传播出去也十分重要。苹果很早就懂得如何传递这种品牌个性——选择个性化媒介。1976年，苹果刚成立时，其个人计算机业务也才刚刚开始上道，但远不是知名的牌子。为了快速提升苹果品牌的知名度、传达品牌个性，乔布斯和麦金纳绞尽脑汁。

围绕打破传统、塑造苹果公司与众不同的品牌个性，并且让所有主流新闻媒体都把这家从车库起家的小公司当成焦点，他们的最终方案是——《花花公子》。

理由一：《花花公子》的主要读者群与苹果的主要消费群有重叠性——都是男性，这有助于保持传播的精准度和有效性。理由二：石破天惊，在一本娱乐色情杂志上刊登电脑广告，能够让业界快速形成关注。

苹果公司这次的品牌传播相当成功，而且这次尝试让苹果找到了一种适合于它自身品牌个性的广告方式，这种通过制造具有话题性的爆发式传播令苹果在接下来的品牌推广中事半功倍，并且屡试不爽。

相对而言，中国的品牌商们可能做得更加直接化，他们更多的是把注意力引向他们引以为豪的产品功能而不是传达品牌个性。

2012年，中国超越美国成为世界第一智能手机消费国，随着国产品牌的份额整体超过70%，另一个问题也接踵而至，国产品牌在规模上超越外国同行其实只是一种"虚假繁荣"，因为利润率和高端市场占有率远远低于苹果和三星，国产智能机做的只是"赔本赚吆喝"的生意。

价格从来都不是竞争力，但却被不少国产品牌商当成竞争力来用，很难想象，苹果和三星一旦推出"千元机"会是什么样的局面。

诚如中国机电产品进出口商会秘书长刘春所说，"目前全球手机

市场99%的利润都被苹果、三星两家公司赚去,中国企业在量上取得地位,却没有获得较高利润并形成核心竞争力"。中国智能手机市场的绝大部分利润大都被苹果和三星瓜分,其他品牌商所拼命争夺的不过是市场赋予的"嗟来之食"而已,更有企业不赚钱也要做。

我们看到国产品牌机在出货量上呈现出猛增态势,但在另一端,毛利率却持续下滑,这种出力不讨好的格局实际上根本无力撼动苹果的"金字塔"垄断。

国产品牌们或许不应该再喊这样的营销口号"我们销售最好的手机",而是要通过挖掘与消费者情感关联的内在文化来树立像苹果一样的品牌个性。这种品牌个性可以帮助企业与目标消费者产生共鸣,品牌忠诚度可以渗透到他们的思想深处,打造出一种远远超越产品本身的附加价值和情感分。

消费者买的不是产品本身,而是一种情感体验,此等"品牌溢价"让他们对产品爱不释手,即便是其他对手采取低价策略,这部分顾客也会对这个品牌保持忠诚度。同样的硬件配置,苹果可以卖到5000元,但国产品牌可能就卖1000多元,这就是"品牌溢价"的威力。

在市场的上升期,那些品牌力不强的企业可以利用存量和增量的市场机会提升出货量,但其本身的品牌仍然缺乏竞争力,一旦遭遇市场危机或者自身遭遇像苹果那样的信任危机,品牌就会受到强大的压力,不排除因为"免疫力"低下而"扛不过去"的可能性,这是一种值得引起重视和警惕的现实。

长期耕耘于低端市场不利于企业品牌个性的建设与品牌形象的树立,低质的形象通常意味着抗风险能力不强。有人说中国的消费者低估了民族品牌,与其这样说,倒不如说民族品牌在某些方面做得确实不够,国产品牌商打同情牌的时代已经过去,对品牌进行精耕细作才是正道。

国产手机厂商发力高端市场，这个方向是正确的，但要告别"廉价""低端"的印象却有太多的课需要补。很多国产手机的用户更希望更换三星手机或者是iPhone，甚至在一项调查中有高达33.8%的HTC用户有意购买三星智能手机。在中兴的中高端道路上，消费者对中兴品牌的手机卖到2000元以上似乎并不买账。

苹果之所以能够"牢牢在上"，不仅是因为其硬件领先，其长期积累的品牌影响力更是功不可没，品牌个性考验的是企业的内功。

相对来讲，小米的"模仿"就颇值得研究，尽管业界瞧不起小米的山寨气质，但它正试图终结国产品牌"有规模无利润"的尴尬局面。

这个被认为是"2012年获利最高的国内手机"品牌，其名号并非空穴来风，小米独创一套做法——让粉丝参与、注重改善用户体验，这项内功深得"米粉"们喜爱，也让小米保持了较高利润率，这在行业内普遍利润偏低以及其他品牌商赔钱的情况下，成为一道亮丽的风景线。

"品牌个性"这个名词自从1955年被提出以来，已经成为营销学、心理学研究领域的焦点之一。对于企业而言，品牌即意味着竞争力。成本、技术和品牌是企业竞争的三个等级，而侧重于软功夫的品牌竞争早已成为企业间竞争的高级阶段。

这也是当前中国品牌商们所不得不面对的问题，可以说"刀已经架到了脖子上"。因为我们目前大多数企业还处于第一个等级——成本阶段，而随着劳动力成本的提升和竞争格局的改变，国产品牌商现在手里的比较优势将很快丧失。

美国营销大师弗朗希斯·麦奎尔一语中的："如果一个企业仅仅试图利用廉价劳动力，为别人贴牌生产，同样可以快速成长，赚取许多利润，但是这样做不可能建立起优秀的企业文化，也不可能塑造出一个伟大的品牌。"

赋予品牌一个精神个性，这才是长久之计。

后记　苹果，到底还能走多远？

苹果，到底能走多远

苹果，到底还能走多远？

"米粉"的诞生对苹果来讲或许是一个不良信号，尽管小米还威胁不到苹果，但这意味着竞争者已经吹响了围攻苹果的号角，粉丝资源正在被瓜分，"果粉"阵营首次面临瓦解困局。

乔布斯重新定义了手机和电脑，但他的成功果实同时也被其他商家分享，因为在他的带领下进入了智能和平板时代。随着时间的推移，苹果昔日的辉煌已经渐行渐远，那个曾经的全球第一大上市公司，正在远离人们的视线。

如今，苹果的灵魂人物已然驾鹤西去，苹果到底还能走多远？

乔布斯被许多美国媒体称为"魔鬼型完美主义者"的化身，他让苹果的产品在全球范围内拥有一个庞大的消费群体，并最终沉淀成一种强势的品牌和稳定的苹果式盈利模式。德国社会学家马克斯·韦伯曾把乔布斯这样具有"超凡魅力的领袖"（charismatic leader）定义为"几乎具有来自超自然的洞悉力和想象力，他们能呼唤起追随者可为之献身的忠诚"，他认为，"围绕这些领袖所组成的机构，一旦领袖离去，必将命中注定地失去活力。"

失去乔布斯的苹果似乎正在归于平静化，关于苹果的声音也在变得越来越低微，他所开创的苹果Style和文化基因或许可以得到传承，但在一个"去乔布斯"的新时代，苹果恐怕难以扭转市场格局。

微软、英特尔、Google与三星、联想以及"第二军团"都对苹果展开了"围追堵截"，从横向到纵向，苹果可以说已经身陷重围，其中Google在移动设备领域所彰显出的"杀伤力"早在乔布斯时代就已经被广泛提及。

当iPhone大为流行时，Google的Android手机操作系统还是个"未来式"，但这个"后来者"一面世就取得了令人惊讶的增长，Android系的

208

扩张速度让iPhone如履薄冰。Google收购摩托罗拉，微软收购诺基亚，这种新生的市场生态，对创新乏力的苹果形成压倒性战略优势。

随着Android系的三星开始支持微软操作系统，尼康的数码相机和松下的洗衣机则选择搭载Android系统，Android和Windows Phone 8的"公开性"对苹果iOS的"封闭性"正形成日益严峻的挑战。

如今的竞争已经延伸到智能手机和电脑之外的领域，在未来，采用Android和Windows Phone 8的行业和企业都将持续增加，而苹果如果不做出战略调整，也必然会变得越来越孤立，并将不得不面临众寡悬殊的战斗。苹果曾有在个人电脑市场败于阵营强大的Windows的经历，苹果手里的牌已经很少，况且，秉承乔布斯精神的人才流失，也令苹果公司的开创性势头"遁入空门"。

凭借着强大的"品牌红利"和实力积累，苹果或许还能在未来数年内继续保持兴旺，在缺乏能够统合驾驭产品、商业模式和品牌整体效应等资源的领导者的情况下，身处高度竞争和快速变化之中的苹果同样有很多的功课需要做。

在三国时期，诸葛亮率领下的蜀国大军不断讨伐魏国，并打得曹氏政权很没脾气，不过随着"精神领袖"诸葛亮病逝五丈原，蜀国很快走向战略收缩，一直到被后来的魏集团"收购"，也都再也没有能够组织起有效的进攻。

苹果当下所面临的格局，与当年的蜀集团多少有些相似。

市场永远是残酷的，世上也没有永远忠诚的粉丝，如果"米粉""星粉""莓粉"越来越多，那么"果粉"们又将"情何以堪"呢？

智能手机在硬件上的创新已经到了极限，在软件上iOS也越来越显乏力，越来越多的开发者认为更开放的Android系统才是未来。苹果2013

苹果，到底能走多远

年第三财季在中国的收入环比大降43%，华为、联想们进攻态势日益明朗化。

苹果正在丧失其在供应链和规模效应上的优势，三星，以及后来者联想，在不远的将来，就有可能超越苹果，这家高科技企业或许应该学会怎样面对现实。

iPhone 5S把中国列为首批开卖的国家之一，中国终于成为被苹果列为首批iPhone上市的国家，新的iPhone在电池、格调等方面也做出了一些必要的改进，多少有些迎合消费者的"被动营销"，不难看出，苹果正试图进行"去乔布斯"时代的"软着陆"，不过新iPhone仍然是"微创新"的作品，苹果的新路线依然未露出清晰的脉络。

2013年9月11日，苹果公司发布iPhone5S及iPhone5C之后不久，苹果股市受重挫，2013年9月14日，瑞银等三家投行下调苹果公司的股票评级，业界及投资者对苹果的预期再次降低，市值两天蒸发351亿美元，更有业内知名人士提出了库克"下台"的选项。

微软麾下的诺基亚也在第一时间嘲讽走彩色风格的新iPhone是对诺基亚产品的简单模仿，另外，对于业界对iPhone5C的廉价误解也均未及时出来"辟谣"，"售价过高"，走奢侈品路线的苹果面临骑虎难下的尴尬局面，同时也足以显现出苹果在公关方面的缺陷并未真正改观。

更有业内专家表示，对一家抱有完美主义理想的公司来说，在价格方面进行竞争是不可能的。这意味着苹果似乎无法像三星那样进入大众市场，更不会像联想、华为那样在中低端市场表现得游刃有余，在高端市场又受到限制的情况下，苹果还能坚持多久？

不过，不管苹果还能走多远，我们都不能成为一个旁观者而忘记脚下所应该走的路。